L'IMAGE

DELEUZE, FOUCAULT, LYOTARD

ANNALES DE L'INSTITUT DE PHILOSOPHIE

ET DE SCIENCES MORALES

(UNIVERSITÉ LIBRE DE BRUXELLES)

Institut de Philosophie et de Sciences Morales
(Université Libre de Bruxelles)
Avenue F. Roosevelt, 50 (CP 175) – B-1050 Bruxelles

Librairie Philosophique J. Vrin
6, Place de la Sorbonne F-75005 Paris
Téléphone : 43.54.03.47

ANNALES DE L'INSTITUT DE PHILOSOPHIE DE L'UNIVERSITÉ DE BRUXELLES
Directeur : Gilbert HOTTOIS

L'IMAGE

DELEUZE, FOUCAULT, LYOTARD

coordination scientifique
Thierry Lenain

Troisième tirage

PARIS
LIBRAIRIE PHILOSOPHIQUE J. VRIN
6, Place de la Sorbonne, Ve
2003

Printed in France
ISBN 2-7116-1318-6

INTRODUCTION

Poser la question de l'image telle qu'elle se présente à travers le champ philosophique contemporain, c'est susciter une occasion d'articuler au plus près le dedans et le dehors de la philosophie.

Il y a de l'image, des images, au cœur même de tout discours philosophique. En tant que discours, la philosophie implique déjà la part du métaphorique à l'œuvre dans le langage en général et jusque dans les mots eux-mêmes – y compris ceux censés véhiculer les concepts les plus abstraits. Derrida l'a montré à suffisance, cette part de la métaphore fut le plus souvent tenue pour une part maudite, celle d'un séduisant décalage à la racine de toute rectitude, d'un miroitement inséparable de tout effet de transparence. Elle était ce déplacement sans cesse déplacé, ce repli mouvant et toujours-déjà renaissant sous le geste d'aplanir la trame du discours pour la faire coller à la forme de l'être. Mais l'image en philosophie ne se réduit jamais à cet irréductible agacement du sens aux prises avec ses propres *effets*. Elle s'y présente aussi sous la forme de développements explicites, plus ou moins élaborés mais toujours très soigneusement agencés dans le texte – histoire, paysages ou figures venant prêter leurs couleurs à la blanche luminosité du concept. Une abondante visualité se trouve ainsi convoquée par le logos philosophique en sa détermination *phonique*, depuis le théâtre d'ombres platonicien jusqu'à l'ironie des monochromes hégéliens (« *la nuit où toutes les vaches sont noires* », etc.), en passant par la grande pyramide kaléidoscopique de l'être selon Leibniz. Enfin, la philosophie déploie encore des images implicites, mais de grande ampleur, qui tiennent aux structures d'ensemble des systèmes conceptuels considérés en tant que constructions – structures nécessairement porteuses d'un espace-temps, d'une architectonique et d'une esthétique à caractère figural.

A des degrés divers et sous de multiples modalités, ce monde imaginal du philosophique communique souterrainement avec la part du mythe toujours agissante en lui. Pourtant, l'image en philosophie n'est jamais simplement ni l'origine ni la fin de la philosophie. La floraison des images et leur circulation au fil ou au travers des nervures conceptuelles demeurent des actes philosophiques à part entière, et chaque système aménage à sa manière le statut des signes imaginaux ainsi que leur économie. Penser la question de l'image *en* philosophie, c'est donc l'une des voies ouvertes à celle-ci pour se penser elle-même.

Puis, la pensée philosophique peut aussi se rapporter au monde des images étrangères à son propre champ, où interviennent de tout autres fonctions que celles qu'implique la construction de systèmes conceptuels. Le philosophe y rencontre nombre de phénomènes liés, par exemple, à la visualité non-médiée par le langage, à la matérialité de la peinture ou de la sculpture ou bien encore à la métaphore poursuivie pour elle-même. Le phantasme, l'illusion, le rêve, le film, le roman – autant de domaines étranges où le sens apparaît régi par de tout autres régimes de signes que ceux du discours philosophique, et dont ce dernier s'est d'ailleurs longtemps détourné avec une sorte de condescendance teintée de répulsion.

Ces territoires extérieurs peuvent être visés comme terrains de chasse, réserves thématiques et champs d'exercice d'une rationalité philosophique conquérante ; ceci nous a valu un texte aussi considérable que l'*Esthétique* de Hegel. Ils peuvent aussi être abordés comme espaces d'exploration rationnelle d'une dimension mythique englobante (Bachelard), ou encore à la manière d'un pays étranger – domaine de rencontres à la faveur desquelles le philosophique se met en jeu par le jeu même d'une confrontation avec son hors-champ.

Portée par sa passion des dehors, c'est surtout la philosophie française contemporaine qui a fait sa spécialité de cette dernière modalité. Ainsi la lecture foucaldienne des tableaux de Manet traduit-elle la fascination du philosophe pour une peinture qui, sans quitter le domaine de la représentation figurée, parvient à faire de sa propre matérialité le thème central de l'image. Selon Foucault, les tableaux de Manet thématisent, en termes déjà purement formels, le champ pictural rectangulaire, coordonné à l'opposition du vertical et de l'horizontal tant par le biais de sa forme que de sa texture (les fils de la toile démultipliant en sous-main et à l'échelle microscopique l'orientation des bords du tableau) ; ces tableaux thématisent aussi, cette fois par le biais du traitement de l'espace et des points de vue, l'opposition fondamentale de l'avers et du revers, définitoire de toute image plane et lui appartenant en propre (à l'inverse de la page écrite, laquelle n'est jamais autre chose qu'un avers sans revers). Or, pour étrange que soit cette expérience de l'image peinte relativement aux fonctions inhérentes à la pensée qui se conçoit et s'écrit, sa transposition philosophique s'effectue néanmoins, et d'éblouissante manière : le discours de Foucault *fait voir*, tandis qu'il élabore le modèle conceptuel d'un monde de sens polarisé par d'aussi exotiques oppositions que celles de la verticale et de l'horizontale, de l'avers et du revers. A travers la puissance visualisante de cette lecture foucaldienne de Manet, il apparaît en somme, presque contre toute attente, que l'image se *donne* au discours philosophique, un peu comme il arrive qu'un étranger se prête de bonne grâce à notre curiosité.

L'image matérielle serait donc, au regard de la pensée philosophique, un dehors qui se laisse intérioriser *comme autre*, tout aussi irréductible à l'espace philosophique qu'à l'extériorité pure et simple, soit un autre qui *répond*. Jadis, la nature assumait un rôle semblable ; mais c'est surtout maintenant par le commerce avec d'autres familles de signes que l'exercice de la pensée philosophique reste celui d'une tension intérieure avec ce qui n'est pas elle. Et ce qui vaut ici pour Foucault vaut de même pour Lyotard, lorsqu'il choisit précisément la forme du *dialogue* pour approcher en philosophe l'œuvre d'artistes qui se sont éloignés, de l'intérieur, aux confins du domaine de l'image proprement dite (Adami, Arakawa, Buren). Et de même encore pour Deleuze, trouvant au contact rapproché de l'image filmique ou de la peinture de Bacon les répondants qui lui permirent de redéployer ses propres pistes conceptuelles dans de nouvelles directions (ainsi qu'il avait pu le faire, par ailleurs, à travers la lecture d'écrivains ou d'autres philosophes). Projetés sur l'écran panoramique d'une histoire de la philosophie, de tels textes font exception. Ils étonnent par la qualité de l'attention portée à la texture propre des images, saisies au plus près de leur différence concrète et hors de toute prétention à les sublimer dans l'éther du concept. Sans bien sûr en rabattre sur les exigences spécifiques de l'acte philosophique : aux yeux de ces penseurs-là, le monde des images n'a rien, jamais, d'un parc d'attractions ni d'une île parfumée pour concepts en goguette.

C'est donc de cette articulation entre le dedans et le dehors de la philosophie qu'il sera question dans les textes qui suivent. Le lecteur y verra se croiser, à la faveur d'enquêtes précises centrées chacune sur l'un des trois auteurs nommés, les deux axes d'une philosophie de l'image : retour critique centripète sur la nature même du philosophique, attraction centrifuge du monde imaginal. Certaines de ces contributions traitent le thème dans le cadre d'une lecture de l'un de ces trois auteurs, d'autres ont choisi d'aborder, dans leur sillage, des problèmes qu'ils n'avaient pas eux-mêmes explorés. Rudy Steinmetz examine les conceptions de l'image peinte chez Lyotard, lu en fonction de ses attaches avec la pensée du sublime. Mireille Buydens propose une approche d'*Internet* à la lumière du matérialisme anti-formaliste de Deleuze. Plus centré sur les textes, Pierre Verstraeten expose les tenants fondamentaux du projet deleuzien d'une « pensée sans image », corrélative de sa critique de l'image comme sécrétion immobilisante de la pensée (d'où il ressort aussi que l'accueil de l'image en philosophie n'équivaut pas à une pure et simple promotion, mais exerce tout au contraire une efficace problématisante des plus redoutables). Les hasards de la programmation de ce volume ont voulu que Foucault s'y taille la part du lion. Dominique Chateau s'intéresse à son dialogue avec Magritte, à ses aspérités voire à ses grincements, sur le fond de la problématique de la ressemblance. Tamara Kocheleff a choisi une réflexion sur la nature de l'image et de l'acte photographiques abordés depuis l'analytique foucaldienne des pouvoirs. Rachida Triki propose une vue d'ensemble sur la déclinaison des familles d'images chez Foucault. Enfin, Pierre Somville revient sur un détail ignoré des *Ménines* en marge du texte d'ouverture à *Les mots et les choses*.

Quant à la délimitation du thème, j'ai choisi de centrer le livre sur trois philosophes parmi ceux qui, à mes yeux, témoignent de façon particulièrement exemplaire de ce fait, en lui-même étonnant, d'un dialogue philosophique avec l'image, de sa fécondité et de ses tensions. Tous trois possèdent peut-être en commun la franchise de leur ouverture sur le domaine des signes sensibles et, en particulier, sur le côté charnel des images non-langagières, sur leur puissance signifiante rapportée à l'éclat silencieux de leur présence. Quelles que soient les différences d'orientation qui distinguent ces trois individualités, leurs pensées respectives convergeraient au moins en ceci : que lorsqu'il y est question d'image, elles se déploient en prise directe sur la « chose même ». Ce trait commun aurait alors justifié de les rassembler au sein d'un même volume, selon l'ordre d'une juxtaposition forcément problématique au demeurant, mais d'où jaillira peut-être quelque chose de nouveau *entre* les textes aussi.

Thierry LENAIN
Université Libre de Bruxelles.

JEAN-FRANÇOIS LYOTARD : LE SILENCE EN PEINTURE

Dans le petit livre remarquable qu'il consacre à *La phénoménologie* en 1954, Jean-François Lyotard glisse une note sur Hegel et Husserl. Relative au problème de l'originarité, elle préfigure l'interrogation qui ne cessera de hanter une œuvre marquée, au demeurant, par la variété de ses déplacements[1]. Sans vouloir atténuer l'importance des «dérives» dans le parcours philosophique de Lyotard, mais sans non plus voir en celui-ci un voyage à l'aveugle relevant d'un «mode de pensée vague et incertain»[2], c'est à la ruine de l'alternative entre une pensée forte, maîtresse d'elle-même et une pensée égarée, échappant à sa propre discursivité, que le développement qui va suivre souhaiterait contribuer – ne faisant là, du reste, qu'obéir à l'avertissement lancé par Lyotard lui-même[3]. Il convient, dans ce dessein, de procéder à l'examen de la note à laquelle il vient d'être fait allusion il y a un instant.

Que dit cette note? Essentiellement ceci: tandis qu'il n'est pas fait de place, chez Hegel, à une origine absolue fondant l'ordre du savoir, il y a, pour Husserl, une antécédence fondamentale sur la base inobjectivable de laquelle doit nécessairement s'édifier toute construction rationnelle. Que rien ne reste étranger à la sphère du logos tient précisément au fait que, dans la perspective hégélienne, le réel est déjà imbibé du sens que la pensée cherche à en extraire. Nulle extériorité de l'Etre vis-à-vis de la conscience qui le pense et s'y pense, nulle donation dont la nouveauté et la surprise ne soient reçues et amorties par la toute puissante médiation dialectique. Comme l'écrira ailleurs Lyotard, dans l'immanence du Savoir absolu «le

1. Cf. Niels BRÜGGER, Finn FRANDSEN, Dominique PIROTTE (éds), *Lyotard, les déplacements philosophiques*, Bruxelles, De Boeck, 1993.
2. Jean-François LYOTARD, «Un avertissement», *ibid.*, p. 7.
3. Cf. *ibid.*

langage habite déjà le sensible» et y opère à la manière d'un «inconscient rationnel»[1]. Le monde n'a d'autre prose que celle que lui prête la raison. Sa voix est la voix du discours intelligible que la philosophie se tient à elle-même. Il n'en va pas de même chez Husserl pour qui le langage n'est à tout prendre qu'une couche superficielle de sens dont l'homme revêt la réalité pour son usage. Quant à celle-ci, loin de donner prise «à la suffisance du discours»[2], elle fait l'objet d'une présupposition sur laquelle, sans l'anéantir, mais, au contraire, en l'approfondissant, s'ente la réduction: elle est là, passivement donnée, comme ce sur quoi butent les mots et les intentions humaines, s'affirmant antérieurement à toute espèce de rationalité constituée, telle «une certitude *première*, celle qu'il y a de l'être»[3], et que nos jugements réclament afin de s'y enraciner comme dans le sol de leur certitude.

L'incompatibilité du système hégélien avec la phénoménologie husserlienne apparaît on ne peut plus clairement: là où Hegel voit dans la raison un pouvoir herméneutique infaillible capable de déchiffrer intégralement le grand texte du monde, Husserl détecte dans ce dernier une énigme indéchiffrable, quelque chose qui se réserve dans son absoluité et sur quoi, en ultime ressort, ne saurait régner que le «silence de la *foi*»[4]. Ce que Husserl appelle le monde de la vie, duquel nous faisons partie et qui constitue le fondement de nos objectivations, demeure inexprimable. La vie ne saurait être que vécue, non conçue. Elle se passe de nos explicitations même si elle ne cesse, de par son caractère muet, de les provoquer: le «monde originaire de la vie est antéprédicatif, toute prédication, tout discours l'*implique* certes, mais le *manque*, et à proprement parler on ne peut rien en dire»[5]. La phénoménologie est donc bel et bien vouée à l'impossible tâche – qui est sa défaite

1. Jean-François LYOTARD, *Discours, figure*, Paris, Klincksieck, 1971, p. 41.

2. *Ibid.*, p. 11.

3. Jean-François LYOTARD, *La phénoménologie*, Paris, P.U.F., 1954, p. 42. Sur la question de la croyance naturelle au monde, c'est-à-dire de son intuition perceptive et de son lien avec la réduction phénoménologique, nous renvoyons aux commentaires lumineux de Paul Ricoeur (Introduction aux *Idées directrices pour une phénoménologie*, Paris, Gallimard, 1985, p. XVII-XX (première édition, 1950)).

4. *Ibid.*, p. 43.

5. *Ibid.*

aussi – de dire l'indicible, « et c'est pourquoi elle n'a jamais fini de se reprendre, de se biffer, puisqu'elle est un combat du langage contre lui-même pour atteindre l'originaire »[1].

Ce paradoxe de la phénoménologie trace la « ligne de résistance »[2] que s'efforcera de suivre et de creuser Lyotard. Se refusant à réduire le sens à sa dimension linguistique, il tentera de tirer le langage vers ce qui n'est pas signifiable par lui. Sa tentative demeure ainsi marquée au sceau de la philosophie. C'est qu'il n'est pas question de déserter le champ linguistique même si celui-ci ne peut accueillir le tout du sens. Plutôt s'agira-t-il d'essayer de faire résonner en son sein les « voix du silence »[3], de cautionner le « différend » qu'il décrira bientôt comme « l'état instable et l'instant du langage où quelque chose qui doit pouvoir être mis en phrases ne peut pas l'être encore »[4]. Trouver l'idiome le plus apte à révéler cette « chose » inaudible, cette part du sens qui reste irrémédiablement enveloppée de silence, tel est l'objectif que s'assigne *Discours, figure.*

1. *Ibid.*

2. Cf. Jean-François LYOTARD, *Lectures d'enfance*, Paris, Galilée, 1991, quatrième de couverture.

3. Il serait intéressant, à la lueur de son *Signé Malraux* (Paris, Laffont, 1996), de réexaminer la nature du rapport de Lyotard à l'auteur de *La condition humaine*. Il tournerait notamment autour de l'institution muséale et de sa réécriture. Car le musée réinscrit les œuvres dans le temps présent en leur conférant un ordre qui les arrache à la dissolution du passé. Une œuvre va s'effaçant dans sa réalité vivante, dans le moment de son exécution. Elle ne devient ce qu'elle est que dans sa récupération monumentale, quand elle se fait trace d'une « existence vouée à l'oubli » (Jean-François LYOTARD, *Moralités postmodernes*, Paris, Galilée, 1993, p. 148). Le musée est donc une écriture de l'événement artistique par quoi celui-ci échappe à l'évanescence qui le constitue. Mais, en même temps, le musée n'est pas pourvoyeur de réalité. Il ne fait que témoigner de sa dissipation, donner corps « à la dérobade de l'être dans le temps des apparences » (*ibid.*, p. 147). Le musée « maintient » la disparition ontologique, il la fait subsister « en faisant *inexister* les objets » (*ibid.*, p. 151). Ce qui apparaît encore ici dans cette réflexion sur l'espace muséal et son irréductible « infidélité » (voir à ce sujet « Conservation et couleur », dans *L'inhumain*, Paris, Galilée, 1988, p. 157-164), infidélité fondée sur la stricte autoréférentialité de l'art, insoumis à toute légitimation autre que la sienne propre, celle de ce que Malraux appelait la « création », au sens fort de ce terme, c'est l'idée d'une vacance ontologique initiale qui ne répond à rien ni de rien : « il y a donc d'abord le silence, rien. Ça ne répond pas » (*Moralités postmodernes*, *op. cit.*, p. 150). Ce vide originaire et muet, sans pouvoir jamais être comblé, peut toutefois être interrogé. C'est la question qui, dans un nécessaire après-coup, fait entendre le silence et l'ouvre aux possibles qu'il renferme. C'est elle, somme toute, qui nous enlève au néant sans épuiser le mutisme qui la suscite par des réponses toutes faites destinées à pallier notre essentiel manque à être.

4. Jean-François LYOTARD, *Le différend*, Paris, Minuit, 1983, p. 29.

Protestation anti-hégélienne non moins que radicalisation de la phénoménologie, ce livre est un plaidoyer en faveur du visible, lequel est l'en deçà du discours, son impulsion primordiale, sa distance constituante, bref ce qui pousse à parler et sans quoi on ne parlerait pas. Mais il est aussi ce qu'on ne peut dire, puisqu'une fois dit il n'est plus que du visible pris au piège du dicible, trahi par cette capture. Autorisant le dire, il se soustrait à son autorité. Il pousse à nommer, mais est lui-même innommable. Qu'il en aille ainsi n'a rien de surprenant, puisque le dire vient après le voir, s'ouvre sur lui, «puisqu'on parle *dans* la séparation»[1] du dire et du voir. Mais on parle aussi, en elle, *de* la séparation. Et c'est pourquoi cette césure qui laisse le visible et le dicible l'un en face de l'autre dans leur insondable béance est livrée au travail de la signification. Un tel travail ne répond, de la part de Lyotard, à aucun traitement autre que philosophique. S'il faut déconstruire le langage, ce n'est pas, comme cela se manifeste parfois chez Derrida, pratiquement, suivant une «stratégie textuelle» qui bouleverse l'économie de sa propre conceptualité, mais théoriquement, selon un point de vue qui reste celui de la vérité: «ce livre-ci, écrit Lyotard, n'est pas [un] bon livre, il se tient encore dans la signification, il n'est pas livre d'artiste, la déconstruction n'y opère pas directement, elle est *signifiée*»[2]. A l'exception, probablement, d'*Economie libidinale*, elle ne cessera de l'être dans une œuvre dont le rôle majeur restera celui de «*signifier* l'autre de la signification»[3] – une œuvre qui, par là même, n'est faite que de «mauvais» livres.

Que le langage ne touche ainsi que métaphoriquement – puisque les mots n'adviennent à l'Etre que dans une fracture originairement constitutive de leur puissance signifiante – le propre du sensible qui l'éveille, ne doit pas cacher le fait que la source du sens se dédouble, étant à la fois hors du discours et en son dedans. Au-dehors, puisqu'il n'y a de discours articulé qu'en vue de désigner une extériorité toujours excédentaire. Mais au-dedans, dans la mesure où cette extériorité, dès qu'elle est mise en mots, s'introduit sous forme de signifié dans la

1. Jean-François LYOTARD, *Discours, figure*, *op. cit.*, p. 14. Nous soulignons.
2. *Ibid.*, p. 17 et 18.
3. *Ibid.*, p. 18.

trame du langage, faisant jaillir «son autre en lui»[1]. Tout en rompant de la sorte avec la dichotomie d'un sujet porteur de significations visant à la transparence et d'un objet opaque, replié sur soi, Lyotard fait droit à l'existence d'un sens tacite courant le long de la frontière entre les mots et les choses. «Le silence est le contraire du discours, il est la violence en même temps que la beauté ; mais il en est la condition puisqu'il est du côté des choses *dont* il y a à parler et *qu*'il faut exprimer. Pas de discours sans cette opacité à tenter de défaire et de restituer, cette épaisseur intarissable. Le silence résulte du déchirement à partir duquel un discours et son objet se placent en vis-à-vis, et commence le travail de signifier ; et il résulte du déchirement incorporé à la parole, où le travail d'exprimer s'effectue»[2].

Le silence du sensible par quoi s'entame le discours conjugue la violence et la beauté de l'extériorité. Violence parce qu'il n'y a de parole que blessée, écho différé d'une déchirure qui voit les pans du visible et du dicible se séparer initialement. Sous cet aspect, que nous effleurerons en fin de parcours, se profile la dimension éthique de la pensée lyotardienne[3]. Beauté également dans la mesure où un rapiéçage des

1. *Ibid.*, p. 15.

2. *Ibid.*, p. 14.

3. Pareille violence, inhérente au retard du langage sur ce qu'il a à dire, tributaire d'une «présence» plus vieille que lui et qui en constitue la veille, implique nécessairement une limitation de l'étendue et du pouvoir de la rationalité métaphysique. Si «la signification manifeste du discours n'épuise pas son sens», il en découle que «celui qui parle ne sait pas ce qu'il dit» (*ibid.*, p. 15). C'est la possibilité même du consensus qui est ainsi suspendue. Dès lors qu'une parole implicite loge au creux de la parole explicite, parlant en elle et l'écartant du vrai, le discours s'enfonce dans l'incertitude et l'insignifiance. Nos mots ne nous appartiennent plus. Ils sont livrés à l'errance d'un sens qui excède l'intention sémantique. «Telle est la violence, ou la séduction» (*ibid.*). Violence ou séduction primordiales dans la mesure où elles conditionnent l'émergence du discours, l'autorisant tout en en contrariant l'ambition. Il faudrait ici rapporter ce que Lyotard dit du langage, de son statut métaphorique en regard de l'Etre et de la «sophistique» (*ibid.*) dans laquelle s'instaure son lien à celui-ci, à ce que, de son côté, Jacques Derrida thématise sous le chef de la violence transcendantale (voir «Violence et métaphysique» dans *L'écriture et la différence*, Paris, Seuil, 1967, p. 117-228). Cette violence transcendantale est la dissymétrie d'origine qui sépare le langage et sa logique identitaire, de l'extériorité de l'Etre et de son altérité profonde vis-à-vis des catégories mises en œuvre dans la langue. Or c'est au moyen de ces dernières que se pense et s'énonce une telle dissymétrie. Le langage ne se laisse donc pas réduire ; on n'en peut faire l'économie. C'est, au contraire, selon son économie qu'il faut faire accueil à ce qui ne se laisse pas absorber par lui, mais bien altérer, défigurer en lui. La violence transcendantale induit de la sorte une autre violence ou, plus exactement, se fait violence à elle-même dans le geste, irrépressible,

pans déchirés s'avère non seulement possible, mais indispensable. Si, en effet, l'œuvre de penser, au sens large du terme et quels que soient les moyens déployés à cet égard, ne commence à se réaliser que dans la scission originaire sans laquelle il n'y aurait rien à penser en dehors de la pensée elle-même, alors la réflexion ne peut consister que dans une sortie hors de soi qui la porte à découvrir «cette force disjoignante» sous l'emprise de laquelle «c'est elle-même qu'elle touche ou croit toucher»[1]. Cette expérience réflexive qui n'est pas celle, mimétique, d'un simple «refléter»[2] ni non plus celle de la réversibilité du touchant-touché façon Merleau-Ponty – puisqu'il n'est pas sûr que la réflexion «se» touche en touchant, mais qu'elle présume ou «croit» seulement se toucher –, est une expérience esthétique, c'est-à-dire, pour Lyotard, une expérience fondamentalement ambivalente et, de ce fait,

de sa reprise linguistique. Cette violence seconde est nécessaire. C'est pourquoi il n'y a pas de langage ailleurs que dans l'espace ouvert par la métaphore et la perte de l'Etre, tandis que, inversement, il n'y a pas d'autre issue au langage que celle qui consiste à «dire la métaphore *elle-même*, ce qui revient à la *penser* dans l'horizon silencieux de la non-métaphore: l'Etre» (*ibid.*, p. 166). Le lieu de la métaphore n'est en fait rien d'autre que le lieu de l'apparaître, le lieu de la phénoménalité. Ce serait sur ce point, nous semble-t-il, qu'entre Derrida et Lyotard la distance devrait être la plus grande. Car il ne fait pas de doute, pour le premier, que la sortie hors du langage est une utopie: il n'y a pas de hors-lieu ni de hors-temps, l'espace-temps est notre milieu, celui de la finitude, c'est-à-dire du langage qui ne peut faire droit à l'Autre qu'en lui: «la paix, comme le silence, est la vocation étrange d'un langage appelé hors de soi par soi. Mais comme le silence *fini* est aussi l'élément de la violence, le langage ne peut jamais que tendre indéfiniment vers la justice en reconnaissant et en pratiquant la guerre en soi. Violence contre violence. *Economie* de la violence» (*ibid.*, p. 172). Là où Derrida vise à indiquer qu'il y a un «dialogue» qui se noue originellement entre le logos et l'Etre, le premier intériorisant certes l'extériorité du second, mais autorisant par là même sa reconnaissance et son respect, Lyotard cherche, quant à lui, à produire une rupture capable d'ébranler, de l'extérieur, l'ordre de la discursivité. A cet égard, les deux reproches qu'il adresse à Derrida sont significatifs. Qu'il conteste la pertinence du lien établi entre Lévinas et Hegel dans «Violence et métaphysique» au sujet de la vue comme sens théorique ramenant l'Autre dans l'enceinte du Même (cf. *Discours, figure*, *op. cit.*, p. 48, note 13 bis), ou qu'il refuse de croire que le déictique chez Husserl, comme le prétend Derrida dans *La voix et le phénomène*, entraîne une chute dans la «métaphysique de la présence» (*ibid.*, p. 116, note 18), suggère qu'il veut à tout prix libérer la dimension d'une altérité qui ne soit pas simplement un élément appartenant au système de la langue, «mais un élément qui de l'intérieur renvoie à l'extérieur», un élément qui ne soit pas «pensable *dans* le système, mais *à travers* lui» (*ibid.*). A partir de la même problématique, mais selon un mouvement inversé, tandis que Derrida injecte du langage dans l'Etre, le contaminant initialement, Lyotard projette l'Etre dans le langage, rompant de la sorte avec le primat et l'inflation de celui-ci.

1. Jean-François LYOTARD, *Discours, figure*, *op. cit.*, p. 31.
2. *Ibid.*

l'expérience par excellence. Ce dont il retourne dans la réflexion ainsi comprise, ce n'est rien de moins que « l'assassinat » de l'expérience par elle-même. Qu'expérimente-t-on, en effet, quand on fait l'expérience d'une dissociation primitive et néanmoins constitutive des termes mêmes qu'elle unit en les tenant disjoints ? On expérimente ce qui résiste à l'expérimentation, à savoir ce qui, tout en la rendant possible, ne se laisse pas réapproprier par elle parce qu'elle vient trop tard, après l'irruption inaugurale, insensible et divisée du sens. Expérience esthétique, autrement dit sensible (comment une expérience ne le serait-elle pas ?), elle a pour motif avorté de faire éprouver quelque chose que ne parvient pas à notifier la sensibilité. Le beau est à ce prix, que Lyotard monnayera ultérieurement dans la coupure du sublime.

L'origine du langage est donc insignifiable par lui. Elle est « comme le silence contenu dans la parole »[1] : « contenu », c'est-à-dire, à la fois, sourdant en elle, la divisant intérieurement, mais réprimé, inhibé par elle. Cela ne signifie cependant pas, pour Lyotard, comme nous l'avons déjà laissé entendre, « qu'il y aurait une indicibilité radicale du monde et un destin du silence »[2]. Au contraire, ce silence élémentaire a pour vocation d'être signifié, mieux figuré. Cette figuration peut s'accomplir au moins suivant deux voies. La première, dans l'ordre du langage lui-même, en particulier celui de la poésie, au moyen de la « figure-forme ». La seconde, dans le champ pictural, par l'intervention de la « figure-image »[3]. Dans les deux cas, on le voit, l'alternative à la rationalité discursive vient de l'art. Non que celui-ci nous fasse passer du côté de « l'absolument-autre »[4], là où résiderait la beauté pure de l'extériorité visible, mais, bien plutôt, que sa position, lors même qu'elle compose avec lui, soit « un démenti à la position du discours »[5], offrant en

1. *Ibid.*, p. 38.
2. *Ibid.*, p. 52.
3. Il est malaisé de cerner les limites et le sens précis de cette distinction dans *Discours, figure*. Disons, sans entrer dans plus de détails, que la figure-forme est l'intrusion du non-langage, le sensible, dans le langage (cf. *ibid.*, p. 51). La figure-image, quant à elle, est l'intrusion dans le champ de vision lui-même de ce qui désorganise la perception et la formation visuelle des objets (cf. *ibid.*, p. 277).
4. *Ibid.*, p. 13.
5. *Ibid.*

cela un accès latéral à cette négativité du dehors jamais actualisable sans reste par et dans le langage.

L'objet de ce développement nous portera à considérer prioritairement la figure-image dont les effets se déploient principalement dans la peinture[1]. Un mot cependant de la figure-forme. Elle serait un peu, dans l'économie de *Discours, figure*, l'étape préparatoire à la figure-image. Si, en effet, le sensible, en tant qu'effraction référentielle ou «percée» de l'Etre dans le langage, est ce grâce à quoi et sur quoi l'on parle, il faut cependant préciser que ce sensible détient en lui-même, comme cela est manifeste dans certaines expériences picturales, la capacité d'exhiber la distance fondatrice qui l'institue. «La possibilité même de la manifestation (...) s'ouvre déjà dans le sensible pour autant que celui-ci excède le simple donner et contient en soi la force de se réfléchir»[2]. L'expérience réflexive à laquelle nous nous référions plus haut ne suppose donc aucune phénoménologie de la perception, elle n'attend ni conscience ni sujet pour se produire. Le visible duquel cherche à nous rapprocher Lyotard est celui «d'une vision sans sujet, l'objet de l'œil de personne»[3]. Semblable désubjectivation est un processus que l'on peut observer dans «la poésie radicale»[4] de Mallarmé. Avec *Un coup de dés*, le texte conquiert son autonomie, il devient ce bloc de sens dont les liens sont rompus qui l'attachent à l'existence de son auteur. De même en va-t-il des règles de la syntaxe et de la sémantique qui se trouvent bafouées par la «contorsion» d'une langue laissant libre cours au jeu de ce que Lyotard appelle le «figural»[5]. Celui-ci réside

1. Nous ne dirons rien ici de la figurabilité à l'œuvre dans le rêve et qui fait l'objet d'analyses aussi perspicaces qu'éclairantes de la part de Jean-François Lyotard.

2. *Ibid.*, p. 51.

3. *Ibid.*, p. 56.

4. *Ibid.*, p. 62.

5. Le figural revêt deux sens dans *Discours, figure*. Il est le désigné, le référent du langage, ce qui ouvre son dedans depuis le dehors et fait qu'il y a du réel. Mais il est également la force du désir, le trouble de la pulsion déclenché par une perte qui n'est autre, précisément, que celle même du réel. Que celui-ci échappe au discours (et à tout système symbolique), c'est, nous l'avons dit, qu'une distance l'en sépare qui est essentielle à ce dernier. Cette distance est ce «dont le discours *inconsciemment* se sert pour tenir de loin son objet» (*ibid.*, p. 51, nous soulignons). La réalité et le désir se superposent donc pour former un originaire qui ne cesse de manquer, parce qu'il est à la fois ce que veut atteindre le langage, ce qu'il veut «tenir», et ce qu'il refuse de s'avouer qu'il ne saurait tenir que «de loin». En fait, le désir est ce par quoi le réel se

là où le texte poétique n'est plus seulement soumis aux contraintes de la lecture linéaire – celles de la communication –, mais réclame d'être vu, dans sa configuration plastico-typographique, tel une sorte de «tableau d'écriture». L'espace idéal des mots et de ce qu'ils veulent dire, sans être aboli, s'y découvre tramé avec l'espace référentiel, celui qui ouvre la distance visible et qui s'annonce ici par des caractères et des blancs aux dimensions et aux écarts inhabituels. Inséparablement unis dans leur différence, l'esprit et la lettre s'accordent à faire lever un sens poétique que ne peut absorber ni épuiser la signification linguistique. Le silence du voir s'insinue dans la parole, un silence qui prend corps dans le jeu des espacements. Un silence qui dérange l'ordre notionnel des signes et manifeste «qu'il y a du sensible en puissance dans le sensé»[1]. *Un coup de dés* met à mal le réglage des intervalles constitutifs du langage et dément le préjugé selon lequel celui-ci est un système clos, fermé sur lui-même, ainsi que Saussure tendra à l'établir avec sa théorie de l'arbitraire du signe. Que le poème mallarméen défasse toute coïncidence du voir et du dire pour nouer entre eux une relation d'extériorité, indique, aux yeux de Lyotard, qu'il faut le tenir pour une sécrétion du désir, c'est-à-dire, ainsi que nous l'a appris Freud, comme ce qui tient la réflexion à l'écart de son penchant à la réconciliation.

Sans entrer plus avant dans les linéaments de l'analyse lyotardienne qui vise à mettre au jour le devenir spatial et, donc, visuel du texte mallarméen, devenir procédant d'une mise en forme plastique, voire iconique[2], des éléments du discours, c'est vers la figure-image qu'il nous faut maintenant tourner notre attention. Pourquoi ce privilège? C'est que, même si, comme

donne comme *objet* et, ce faisant, comme ce qui est *perdu*. Dans le même temps où naît l'espace plein de la phénoménalité, surgit l'espace vacant du désir, l'un et l'autre suturés dans l'espace trouble du langage. Comme l'a très justement fait valoir Mikel Dufrenne («Une esthétique libidinale?», dans *Esthétique et philosophie*, Tome 2, Paris, Klincksieck, 1976, p. 64-84), c'est à la croisée ambiguë des mots, de la perception et du fantasme, autrement dit, de la sémiologie, de la phénoménologie et de la psychanalyse que s'élabore l'esthétique de Jean-François Lyotard.

1. Jean-François LYOTARD, *Discours, figure*, *op. cit.*, p. 69.

2. Qu'il s'agisse de la constellation ou du naufrage, l'aspect mimétique du poème mallarméen, loin d'être simpliste, obéit à un mouvement anamorphique par lequel la chose, sans se transformer en mots, sans être intégrée par eux, s'introduit en eux et en dérange l'ordonnance interne.

nous l'annonçions en commençant, Lyotard ne désespère pas de rendre le langage poreux à l'intrusion du référent, il reste que ce n'est pas en lui que la puissance d'expression du figural peut trouver à libérer pleinement ses effets. Il demeure un espace sémiotique trop fortement articulé et à l'intérieur duquel toute entorse au code est immédiatement ressentie comme déviance indésirable. Si la vérité n'a pas sa place dans le langage, c'est parce qu'elle (y) est «essentiellement déplacée»[1]. La vérité fait toujours faux bond. Elle arrive de manière impromptue, sans qu'on l'attende. Or le langage est un puissant système d'attente. Il permet de tout dire parce qu'il parvient à tout ajuster aux rouages de sa puissante machine à produire de la signification. Il manque, parce qu'il est une médiation trop solidement architecturée, de la souplesse nécessaire à l'accueil de ce qui surgit tel un «vertige», une «chute», un «flottement» générateur d'«angoisse»[2]. Où trouver la zone d'accueil à même de recevoir, dans son non-lieu, cet affect d'angoisse par lequel s'annonce l'événement de la vérité, sinon ailleurs que dans le système rigide du langage. A l'instar de ce qui se passe chez Merleau-Ponty, la peinture offre à Lyotard son salut, étant entendu que «tant que le philosophe ne se fera pas peintre également, il lui faudra rester dans l'orbe de la langue»[3].

Pourquoi la peinture vient-elle au secours du philosophe en quête d'une vérité conçue avant tout comme ce qui dépose la conscience, comme «inexpérience»[4]? D'abord, bien sûr, parce que la peinture a longtemps passé, aux yeux de l'animal parlant, pour être le lieu de l'erreur, le lieu d'où s'exile le vrai. Trop sensible, trop matérielle, mais, surtout, trop séduisante, l'image picturale n'eût pu équivaloir à la pureté idéelle du concept, seul capable d'avoir accès à ce qui *est*, parce que seul capable de *dire* ce qui est. «Car enfin on ne peint pas pour parler, mais pour se taire»[5], ce que n'a jamais voulu ou pu entendre ni reconnaître l'esthétique occidentale – y compris l'esthétique psychanalytique – trop occupée à lire dans l'image

1. *Ibid.*, p. 135.
2. *Ibid.*
3. *Ibid.*, p. 53.
4. *Ibid.*, p. 137.
5. Jean-François LYOTARD, «Freud selon Cézanne», dans *Des dispositifs pulsionnels*, Paris, Galilée, 1994, p. 86.

sa «*signification* déchue», obnubilée «à traiter l'œuvre comme un objet recelant un secret», victime consentante «de la passion moderne de faire parler toute chose»[1]. Ensuite, parce qu'au-delà de l'entreprise de rationalisation, de constitution et de reconnaissance d'un monde offert au regard de l'intelligence – ce qu'elle fut à la Renaissance –, la peinture nous a depuis lors appris à «voir l'invisible», à saisir ce que le champ visuel comporte d'obscurité, de part aveugle. Pour ce faire, il fallut procéder à «la ligature de l'œil»[2]. La mobilité du regard auquel invite la peinture-perspective conduit en effet à la construction par plans successifs de l'espace pictural, à son ordonnancement aussi par rapport à notre corps propre, c'est-à-dire encore à du sujet, véritable axe autour duquel s'articule le tableau classique. Ainsi, avec la perspective linéaire découverte et abondamment exploitée par les peintres renaissants, le monde, pour reprendre la comparaison de Philippe Minguet, est «contemplé comme un vaste théâtre dont l'homme est l'acteur principal»[3]. Le support pictural doit être percé ou encore levé comme un rideau de scène afin de découvrir la profondeur rendue d'un univers feint. Il faut que la surface du tableau où s'agite la diversité du matériel chromatique s'organise en une forme régulière et cohérente dans laquelle s'accomplira la «totalisation du divers dans l'unité du point de fuite»[4]. En un mot, dans cette «théâtralisation généralisée»[5] où la peinture n'a d'autre statut que celui d'un jeu d'apparences trouvant sa raison d'être dans le renvoi à un arrière-fond, c'est un espace construit, c'est-à-dire second, que la Renaissance donne à lire – plus qu'à voir – dans les chefs-d'œuvre de ses plus illustres représentants.

La révolution cézannienne consistera dans le bouleversement de la topologie renaissante. Celle-ci est construite autour d'un centre focal qui est le pôle organisateur du tableau. Ce centre focal ou point de fuite, l'œil peut le détecter en «entrant» dans la peinture, en y déambulant et en suivant les différents plans de profondeur qui sont autant d'étapes dans le parcours

1. *Ibid.*
2. Jean-François LYOTARD, *Discours, figure*, *op. cit.*, p. 157.
3. Philippe MINGUET, *L'art dans l'histoire*, Bruxelles, Labor, 1987, p. 129.
4. Jean-François LYOTARD, «Plusieurs silences», dans *Des dispositifs pulsionnels*, *op. cit.*, p. 203.
5. *Ibid.*, p. 204.

visuel, et quasiment corporel, auquel le peintre convie le spectateur. C'est grâce à cette circulation oculaire que l'espace est progressivement structuré et qu'un monde se donne à reconnaître. A l'exigence de mobilité, Cézanne substitue «la discipline de l'immobilisation»[1]. En fixant le regard, en évitant de le laisser ordonner l'espace qu'il contemple, l'homogénéité de ce dernier disparaît au profit de son hétérogénéité. C'est alors que ce qui reste en bordure de l'espace articulé par la vision claire et distincte fait irruption dans le champ visuel. Or cet espace latéral, périphérique, n'a pas, comme l'autre, la même rigueur ni la même constance. Il n'en a pas non plus la même étroitesse, car la zone délimitée par la vision centralisée est très réduite, tandis que l'espace périphérique s'étend largement autour d'elle, la nimbant d'un voile de brume d'où les objets émergent avec peine pour prendre consistance[2]. Il s'agit donc d'un espace flou, d'une sorte de halo non structurable parce qu'échappant à l'emprise de la vision synthétique et géométrique. Il vient déranger la symétrie des bonnes formes passées au crible de la perception claire en y injectant les spectres indéterminés de la perception diffuse, ces mauvaises formes que l'œil éduqué s'efforce de tenir à distance afin de construire l'image d'un monde reconnaissable, c'est-à-dire connaissable.

«L'énorme immobilité»[3] de *La Montagne Sainte-Victoire* fait d'elle une œuvre qui n'est pas assujettie au dictat de la

1. Jean-François LYOTARD, *Discours, figure*, *op. cit.*, p. 157.

2. S'agissant de l'indétermination qui entoure la vue, il faudrait relire ici le § 27 des *Idées directrices pour une phénoménologie* (*op. cit.*) de Husserl. C'est ce que nous avons commencé de faire, en mettant en rapport cette indétermination avec ce que Jacques Derrida dit des larmes dans *Mémoires d'aveugle* (Paris, Editions de la réunion des musées nationaux, 1990). Nous nous permettons ici de renvoyer le lecteur à notre article, «Les larmes aux yeux. La phénoménologie embrumée», dans *Voir*, n° 9, novembre 1994, p. 46-57.

3. Jean-François LYOTARD, *Discours, figure*, *op. cit.*, p. 21. La solidité et l'immobilité de la peinture cézannienne sont des traits sur lesquels insistait également Merleau-Ponty. Il en va de même pour la «donation du visible» qui est censée se «donner à voir» dans cette peinture. Cependant, quitte à ne pas pouvoir établir d'opposition franche entre les deux philosophes, au moins doit-on relever des différences d'accent. Cette donation, par exemple, Merleau-Ponty cherche encore à la circonscrire dans les limites d'une philosophie du sujet – même s'il s'agit d'un sujet non plus rationnel, mais corporel, d'un sujet non plus actif et faiseur de synthèses, mais passif et consubstantiel à la chair du monde. Même un sujet charnel reste un sujet. L'événement visuel, s'il doit être, au sens fort de ce mot, un événement, quelque

représentation synthétisante. Cézanne n'a pas voulu peindre une montagne, mais, à travers son apparition, le voir lui-même en train de devenir visible, l'événement de la vue avant que celui-ci ne soit homologué par un regard obéissant aux règles de l'optique qui reconstruit le visible selon son modèle. Ce n'est pas la vision achevée qui l'intéresse, la vision de quelqu'un, c'est le voir à l'état inchoatif, brut et anonyme, non l'image finie, mais ce qui vient « à l'entrée de l'œil », un œil qui n'est l'organe d'aucun corps, qui n'a pas de fonction à remplir dans un système intégré, un peu comme s'il « nous faisait voir ce qui est supposé se passer sur *une* rétine regardant la montagne Sainte-Victoire, donc nous faisait voir ce qu'est voir »[1]. Cézanne ne peint pas le donné, qui peut toujours s'approprier, il peint la donation, inappropriable, que l'on se méprendrait d'interpréter en alléguant son caractère passif. La passivité est une notion dont la provenance reste trop étroitement liée à la phénoménologie, le pendant de l'intentionnalité, « sa couche d'appui » et, par conséquent, la « *supposition* du sujet visant »[2]. Au lieu que le peintre en appelle avant tout au dessaisissement de la

chose d'imprévisible, ne saurait tolérer d'être absorbé dans les structures d'un espace-temps, fût-il « plus enfoui que celui qui est vécu » (*ibid.*). Cet espace-temps infra-subjectif demeure une zone de réception où s'amortit la surprise de l'événement qui est de la sorte « intégré en monde » (*ibid.*). Par ailleurs, l'inhumain que décrit Merleau-Ponty dans « Le doute de Cézanne », s'il concerne l'« en deçà de l'humanité constituée » (« Le doute de Cézanne », dans *Sens et non-sens*, Paris, Gallimard, 1996, p. 22 (première édition, 1966)), vise tout de même une pré-humanité, une humanité qu'il aime à métaphoriser comme « naissante », là où l'inhumain lyotardien s'adresse à la persistance d'une « enfance » dans l'âge mûr, c'est-à-dire à une indétermination radicale qui est « le 'propre' de l'homme » (*L'inhumain*, *op. cit.*, p. 10). La ligne de partage entre les deux penseurs passerait-elle entre la métaphoricité du premier et la littéralité du second ? Ce que Lyotard ferait peut-être valoir, c'est que ce qu'il appelle « l'organisation *métaphorique* de la signifiance » (*Economie libidinale*, Paris, Minuit, 1974, p. 59) à laquelle semble obéir la rhétorique conceptuelle de Merleau-Ponty, conduit de façon inévitable sa philosophie vers la recherche d'un terme premier ou ultime, selon le point de vue auquel on se place, en l'occurrence ce « fond de nature inhumaine sur lequel l'homme s'installe » (« Le doute de Cézanne », *op. cit.*, p. 22) et qui, en dernier recours, le gratifie d'une présence, quand bien même celle-ci devrait demeurer inaccessible. Si la métaphore suppose une identité – fût-elle secrète ou toujours promise – rassemblant les termes séparés, le régime métonymique auquel se soumet plutôt la discursivité lyotardienne provoque la pensée à la dispersion, à la « glissade », à l'incertitude, au dévoiement et à la métamorphose à fonds perdus, bref au « voyage des intensités » qui se déroule toujours « hors identité » (*Economie libidinale*, *op. cit.*, p. 30).

1. Jean-François LYOTARD, *Discours, figure*, *op. cit.*, p. 204. Nous soulignons.

2. *Ibid.*, p. 21.

conscience percevante, à un «invu» qui cohabite avec le vu, et qui ne peut même pas prendre la forme de l'esquisse, c'est-à-dire celle de l'objet naissant à la vue d'un sujet qui co-naîtrait simultanément avec lui[1]. La peinture cézannienne nous fait toucher à quelque chose de plus enfoui encore que la genèse réciproque par laquelle le pré-subjectif et le pré-objectif s'entrelacent en un lieu trouble, elle laisse libre cours au «déploiement d'une aire événementielle»[2], à une occurrence qui déjoue toute assignation à résidence, elle descend vers un inconscient qui n'est pas seulement l'autre du conscient, son opposé, mais, plus profondément, un inconscient transcendantal, non représentable ou saisissable par un acte de conscience pour ce que toute représentation ou saisie consciente l'implique à titre d'instance proto-fondatrice. Pareil inconscient n'a pas de topique, il n'existe qu'en tant qu'il dérègle tout espace construit, il est la «force sur laquelle s'ordonnent le visible et le voyant, génératrice de leur accointance en ceci précisément qu'elle l'est de leur distance»[3]. A cet égard, la ligne cézannienne est tout sauf un signe. Elle défait l'ordre de la signification qui conçoit les formes et les couleurs comme les équivalents des mots dans la peinture. Le caractère foncièrement moderne – autrement dit postmoderne – de l'œuvre de Cézanne se loge dans son refus de ce que Derrida appellerait sans doute le «logocentrisme pictural», cette illusion inhérente à la peinture occidentale et selon laquelle toute trace visible est virtuellement un trait dicible. Rendre justice au sensible passe donc par la réhabilitation d'une peinture qui sache faire vibrer les images et les formes au diapason de l'indicible, leur restituer leur silence d'origine et mettre entre parenthèses, autant que faire se peut, la «violence initiale»[4] par quoi le voir se laisse contraindre par le dire. Bien sûr ce serait un leurre de croire que le visible existe à l'état pur et qu'il nous est accessible comme tel. Son origine est, «toujours déjà, une trace»[5]. De là sa vacance et le désir qui nous lie à cette perte

1. Cf. *ibid.*, p. 158-159.
2. *Ibid.*, p. 136.
3. *Ibid.*, p. 27.
4. *Ibid.*, p. 270.
5. *Ibid.*, p. 349.

d'origine, cette non-origine, « ce non-lieu initial »[1] dont le vide insupportable nous pousse à le combler et, par là, à le manquer. Mais, tant qu'elle veille à empêcher les images de devenir des substituts de mots, « la peinture est ce qui nous approche aussi près que possible de l'activité transcendantale, s'il est vrai que cette activité est bien force de disjoindre plutôt que de synthétiser »[2]. Objet paradoxal, « objet où se montre l'engendrement des objets », le tableau « devrait pouvoir tenir lieu de la philosophie tout entière, de celle du moins qui croit que la perception (...) contient tout le secret de l'être »[3].

Que l'énigme de l'être se confine dans la perception, n'implique pas, insistons-y une dernière fois, qu'il faille l'envisager selon une attitude ou un mode phénoménologiques. D'une part, parce que si, de son côté, Merleau-Ponty persiste à interpréter le désordre de la peinture de Cézanne ainsi que son immobilité comme « la redécouverte de l'ordre véritable du sensible »[4], l'œuvre renvoyant en ultime analyse à l'éclosion même du visible par quoi le monde naît au regard d'un sujet lui-même natif qui le mire et s'y mire, Lyotard, du sien, tend plutôt à y voir une œuvre qui se mue en « objet *absolu* », en objet interdisant tout transfert symbolique, objet ne renvoyant à rien d'autre qu'à lui-même, « actif seulement dans l'ordre énergétique, dans le silence du corps »[5]. Il n'exprime rien, sinon sa propre opacité, laquelle contraste avec la transparence du tableau renaissant tout entier dévolu à l'effacement de son matériau destiné à favoriser l'illusion de la profondeur. C'est dire que si elle émane des mains de Cézanne, sa peinture s'absente à tout, y compris à Cézanne lui-même. Elle n'est pas sa prise, mais ce par quoi il est et veut être pris. Volonté d'être dépossédé du geste de peindre dans le moment où il s'effectue. Volonté d'anéantir la présence du sujet peignant à ce qu'il peint pour que l'acte pictural s'accomplisse en une sorte de performatif absolu. Volonté qui se veut sans vouloir. Comble du désintéressement kantien, l'*opus* est une opération qui n'a pas

1. *Ibid.*, p. 271.
2. *Ibid.*, p. 28.
3. *Ibid.*
4. Jean-François LYOTARD, « Freud selon Cézanne », *op. cit.*, p. 80.
5. *Ibid.*, p. 87.

d'opérateur individuellement cernable (le génie). C'est le corps vivant qui reçoit son être du *corpus*, et non l'inverse, la présence à l'événement pictural ne s'attestant que par la fixation œuvrée de celui-ci. De sorte que si œuvre il y a, c'est à la condition que celle-ci ne soit pas simplement un symptôme, mais qu'en elle vibre une intention étrangère – fût-elle familière –, qu'en elle résonne «l'énigme d'un *impouvoir exploité*»[1]. Sans cette exploitation résolue, sans un travail vigilant et décidé de ce sur quoi nul n'a pouvoir, travail d'infinie patience «dicté» par le «silence du corps» d'où émerge et reflue l'œuvre, il n'y a plus que des objets d'art inconsistants, rapportés à quelque instance suprême dont ils ne sauraient être que des signes ou des copies appauvries. Si l'œuvre est la «coagulation» non d'une saignée inconsciente particulière (d'un complexe), mais de l'énergie pulsionnelle elle-même (de l'inconscient), si l'œuvre est dotée d'une «force libidinale critique»[2], comme le croit Lyotard, alors elle doit demeurer «dure comme la pierre», on ne peut en presser aucune signification par quoi l'on résorberait ou lierait l'énergie libidinale qu'elle contient à l'état instable et qui autorise toutes les interprétations, quoique sans se laisser épuiser par aucune d'entre elles. En ce sens là, l'immobilité de la peinture de Cézanne exprime le refus de se laisser couler dans des formes plastiques déjà usagées et répertoriées par le cours réglé de l'histoire de l'art. Toutes les montagnes Sainte-Victoire peintes par Cézanne «*sont là*, comme un corps libidinal critique, absolument muettes, vraiment *impénétrables* parce qu'elles ne cachent rien, c'est-à-dire parce qu'elles n'ont pas leur principe d'organisation et d'action *en dehors* d'elles-mêmes (dans un modèle à imiter, dans un système de règles à respecter), impénétrables parce que sans profondeur, sans signifiance, sans dessous»[3].

1. *Ibid.*, p. 85.
2. *Ibid.*, p. 72.
3. *Ibid.*, p. 86. L'idée de l'œuvre comme masse libidinale critique, bloc d'inconscient ou émanation spirituelle du corps est à mettre au compte, chez Lyotard, d'un «énergétisme généralisé». Qu'elle soit une concrétion du désir, une parcelle solidifiée de l'inconscient dont les effets nous arrivent sans que l'on sache ni d'où ni comment, événement surgissant en nous sans nous, vient du fait que le corps, la matière n'est pas l'autre de la pensée, comme le concevait Descartes, mais sa matrice. La pensée se développe selon un processus de complexification via lequel la matière se spiritualise progressivement, ainsi que l'avait pressenti Bergson. L'âme et le corps ne

D'autre part, si la phénoménologie s'accommode sans peine de l'idée d'une connaturalité entre le monde et la conscience, celle-ci prolongeant et accomplissant dans son dire « l'expressivité présente avant l'homme parlant »[1], l'esthétique lyotardienne, en revanche, repose sur le constat d'une discontinuité, d'une discorde séparant initialement le référent du locuteur. La « connaturalité est seconde, elle vient recouvrir et apprivoiser une étrangeté qui n'est certes pas plus explicable que le 'naturel', mais qui à sa différence ne nous met pas avec les mots et les choses en entente, mais en échec »[2]. De là, sans aucun doute, le fait que, lorsqu'il aborde l'œuvre de Duchamp, Lyotard insiste avant tout sur l'aspect « incommentable » de cette œuvre et, le cas échéant, sur l'« incongruence » ou l'« inconsistance »[3] à la loi de laquelle doit se plier son commentaire. Se tenir dans l'inconsistance, pour le dire dans le langage kantien si familier à Lyotard, c'est pratiquer l'art de la lecture sans subsumer l'œuvre – d'abord à voir – sous la rigidité de catégories asservies à la fonction d'élucider le sens implicite qu'elle est censée contenir et qu'il faudrait tâcher de rendre au jour, de signifier. Ce n'est donc pas supprimer la critique – en quoi consisterait l'« insignifiance »[4] –, mais supprimer sa fausse adhérence à l'œuvre, son semblant d'explicitation, la rendre au non-rapport qui la sépare d'elle en mettant en évidence son décalage vis-à-vis de ce qu'elle est

forment pas deux substances exclusives l'une de l'autre, mais deux états d'un même flux énergétique. En s'historialisant, ce dernier trouve en l'être organisé que nous sommes la possibilité de se réfléchir et de se mémoriser, tant il est vrai que « la matière en notre effort fait son anamnèse » (*L'inhumain*, *op. cit.*, p. 55). Cependant, pour en être le résultat final, cette mémoire est rendue lacunaire par le procès de temporalisation de l'énergie qu'elle cherche à capter. S'il y a une ligne de continuité entre l'esprit et la matière, l'un résultant d'une transformation de l'autre, cela signifie, d'une part, que l'esprit ne peut prendre entièrement conscience de ses propres origines, que celles-ci sont en lui comme son enfance perdue, et, d'autre part, que la matière étant contiguë à la pensée, se résorbant en elle, est, en quelque sorte, une matière immatérielle. Mémoire de la transmutation de la force matérielle en force spirituelle, l'œuvre participe d'un « matérialisme immatérialiste, s'il est vrai que la matière est énergie et que l'esprit est de la vibration retenue » (*ibid.*, p. 54). L'œuvre est donc tout à la fois le condensateur et le transformateur, la reprise créatrice de la force vitale qui l'anime et anime toute chose.

1. Jean-François LYOTARD, *Discours, figure*, *op. cit.*, p. 292.

2. *Ibid.*, p. 291.

3. Jean-François LYOTARD, *Les transformateurs Duchamp*, Paris, Galilée, 1977, p. 19-20.

4. *Ibid.*, p. 20.

supposée circonscrire. Non pas faire silence *sur* la peinture, mais faire respecter, à même le discours critique, le silence *en* peinture, ce silence qui enveloppe sa capacité d'expression et dont, en son essence, elle ne se départit qu'à se nier.

Formulé dans la terminologie du second Lyotard ayant accompli le tournant langagier, cela revient à dire qu'il y a un régime de phrases constitué par la peinture qui est irréductible aux autres formations discursives. Ne pas tenir compte de cette hétérogénéité serait commettre un tort envers la peinture : elle ne saurait se défendre d'être envahie par le langage, puisqu'elle ne peut dénoncer le dommage subi linguistiquement sous peine de se disqualifier en tant que partie offensée. Nul ne l'ignore en effet, c'est le point fort du langage que de pouvoir signifier tous les autres systèmes de signes. Il les ramène, par là, d'une certaine façon, à soi. Il les place sous sa dépendance et les fait siens. La faiblesse de la peinture est d'être «*muette* et *visible*»[1]. On peut donc toujours – et c'est une violence coutumière – la faire parler ou parler à sa place. Pourtant cette faiblesse est sa force. Car la réflexion picturale (moderne s'entend) est la réflexion du sensible lui-même, réduit à lui-même, à n'être que lui-même avant de céder au désir d'objet qui le soumet à la vérité représentative et au primat du modèle. Elle est la réflexion de l'Autre du langage, la réflexion de ce qui ne se laisse pas réfléchir au moyen des concepts et met la raison en déroute. «La peinture offre à la réflexion à la fois un objet et un modèle exceptionnels ; quand nous réfléchissons sur le tableau, nous réfléchissons sur la réflexion, et sur cette réflexion qu'il faut, après Merleau-Ponty, appeler élémentaire parce qu'elle loge son mirer dans l'élément du monde et l'y maintient (...). En passant par l'espace plastique, la réflexion reste dans son élément ou plutôt elle descend en elle-même (...)»[2].

Cette descente au cœur même de la réflexion, les travaux récents de Lyotard consacrés au sublime en dégagent à leur tour la profondeur abyssale. Réinterroger le sublime aujourd'hui, c'est faire droit à ce qui grève la visée rationnelle et émancipatrice de l'*Aufklärung*, c'est «réécrire la modernité»

1. Jean-François LYOTARD, «Freud selon Cézanne», *op. cit.*, p. 73.
2. Jean-François LYOTARD, *Discours, figure*, *op. cit.*, p. 30.

pour tenter de mettre au jour, contre ses intentions déclarées, « la crise des fondements » qui en sape, depuis le début et tacitement, le projet inaugural. Le sublime, pour avoir été surtout l'enjeu conflictuel de l'esthétique des XVIIe et XVIIIe siècles, trouve son origine dans l'antiquité tardive. On ne s'en étonnera guère si l'on veut bien admettre, avec Lyotard, que la modernité n'est pas tant une époque historiquement datée que l'historicité elle-même. Sous cet égard, dès l'aube du christianisme, le temps fait l'objet d'une périodisation, un cours lui est assigné, une ligne continue trace, depuis un début jusqu'à une fin téléologiquement orientée, sa direction. L'histoire est le fonds mythologique d'une modernité qui se confond avec l'eschatologie chrétienne pour perdurer jusqu'au XXe siècle des nouvelles technologies et de la mémoire phénoménale du temps qu'elles promettent. Dans cette mesure-là, et en ce qu'il excède toute synthèse ou représentation spatio-temporelle, en ce qu'il est hors-temps et hors-lieu, le sublime fracture de l'intérieur la modernité, cet effort tendu vers la maîtrise de ce qui est donné et l'organisation du temps que celle-ci suppose. Il met la pensée en présence d'une altérité qui ne lui est offerte que comme ce qu'elle ne peut rendre présent. Présence non-présente à laquelle l'esprit ne parvient à faire accueil qu'en faisant le vide en soi, dans une impréparation absolue, dans une « sorte de mise à blanc » [1]. Cette abnégation ou ce dénuement de l'esprit qui va se dépossédant de ses pouvoirs les plus propres, qui « se résout à l'irrésolution » [2], est la douleur d'une perte en quoi consiste le sentiment (du) sublime, lequel est l'avertissement de l'état affectif dans lequel se trouve la pensée et de ce que « quelque chose » qui est autre qu'elle lui advient qu'elle ne saura penser.

Cette saisie de la pensée par ce qu'elle ne peut saisir, Longin s'en était fait le témoin dans son traité *Du sublime*, datant du premier siècle après Jésus-Christ. Avec lui débute l'anamnèse de la grande épopée moderne. Ce qui frappe Lyotard dans le texte longinien, c'est la réversion du sujet traité sur son traitement, sur la manière de le traiter, tout comme si on

1. Jean-François LYOTARD, *L'inhumain*, *op. cit.*, p. 27.
2. *Ibid.*

ne pouvait ou ne savait rien dire du sublime qui ne soit dit de façon sublime. Une «incertitude»[1] court le long du récit dont le partage entre l'énonciation et l'énoncé est des plus difficiles à établir. Cette incertitude n'est autre que le sublime lui-même. Dire le sublime, c'est être sublime, selon une performance scripturale qui fait advenir, dans et par l'acte d'écriture lui-même, la chose visée[2]. Aussi le sublime ne saurait-il être réfléchi, sinon dans le mouvement par lequel il s'emporte lui-même. A cet égard, l'exemple homérique du silence d'Ajax aux Enfers (mais s'agit-il vraiment d'un exemple, d'un signe ou du sublime tel quel, et peut-on en décider?) est proposé par Longin – qui montre là qu'il n'est pas seulement un rhéteur, mais que le sublime l'intéresse en sa nature et pas uniquement en son style – comme la figure par excellence du sublime. Si le silence est une figure de rhétorique, on concédera qu'elle est, de toutes, la plus énigmatique parce que la plus dissimulée, s'occultant elle-même et provoquant la défaillance ou l'enrayement du langage. Le sublime n'est pas dans les mots, mais, bien plutôt, dans leur en deçà ou leur au-delà, dans ce qui les destitue et donne plus à penser que ce qu'ils sont capables de donner à entendre[3].

Même si, dans le débat qui occupe le XVIIIe siècle relatif à la prépondérance artistique qu'il convient de reconnaître soit à la peinture soit à la poésie, Burke privilégie cette dernière par rapport à la première trop astreinte, de son point de vue, à la contrainte de figurabilité et, partant, peu favorable à l'exercice libre de l'imagination et à l'éveil des émotions intenses, l'exemple du silence revient sous sa plume. Il relève, avec d'autres (l'obscurité, la solitude, etc.), de la catégorie générale de la privation: plus rien n'arrive, plus rien ne peut être dit de rien. En ce suspens ou ce point d'interrogation ontologique réside la terreur sublime. Elle naît, chez celui qui en est affecté, d'une passibilité au caractère indicible de l'être, lequel ne se

1. *Ibid.*, p. 106.

2. On songe ici à l'exemple du *Fiat lux* de la Genèse où la parole divine opère immédiatement sa réalisation.

3. Michel Deguy détecte également dans la figure du silence chez Longin une négativité à l'œuvre, celle «d'un *travail contre soi*» du langage ou d'une «autodestruction [qui] travaille au cœur des 'mots'» («Le grand-dire», dans *Du sublime*, Belin, 1988, p. 35).

signale qu'en négatif, dans l'impuissance à parler: «on ne trouve pas ses mots»[1].

Privation (avant tout liée à l'insuffisance des images dont la loi juive prononce l'interdit) et intensification de l'affect sont deux traits qui prévalent également dans l'Analytique du sublime de la *Critique de la faculté de juger*. Lyotard en a explicité rigoureusement les attendus. Nous n'y reviendrons pas. Plus intéressant pour notre propos est de noter que l'affection dont il est question chez Kant n'a plus rien d'empirique, de physiologique ou de pathologique, ainsi que c'était le cas avec Longin et Burke. C'est en cela que l'esthétique kantienne dramatise l'effort d'anamnèse de ce qui, souterrainement, œuvre au déclin du culte de la rationalité moderne. Le sublime, tel qu'il apparaît dans la perspective lyotardienne (laquelle fait éclater les cadres conceptuels de la troisième *Critique*), est un affect, mais sans émotion, un sentiment insensible, une passion sans pathos. Ne se livrant pas au sensible, il échappe aux formes pures de l'espace et du temps dans lesquelles toute donation trouve son lieu d'inscription. Son domaine n'est pas celui de l'*aisthèsis*, mais bien celui d'une «anesthésie (...) qui laisse l'âme offerte à une affection plus 'ancienne' que les données de la nature»[2]. Car, et toute la difficulté se condense ici, malgré son «ancienneté» et son insensibilité, malgré son «passé» et son apathie, le sublime est une affection «présente», un sentiment «actuel». Un sentiment de l'esprit par lequel celui-ci «se sait» (d'un savoir non rationnel et ne supposant pas de subjectivité constituée) touché par un donné qu'il ne peut ni présenter (sensiblement) ni expliquer (conceptuellement), un donné «in-forme» laissant son destinataire «*in-fans*», sans voix face à «ce silence terrible»[3] d'une affection muette et persistante que Lyotard rapproche de la notion d'«affect inconscient» freudien. Il s'agit là de la plus archaïque de toutes les donations, celle qui s'efface ou se fait oublier dans son propre «retrait»[4]. Si l'avancée la plus incisive

1. Jean-François LYOTARD, *Le différend*, *op. cit.*, p. 29.
2. Jean-François LYOTARD, *Heidegger et les «Juifs»*, Paris, Galilée, 1988, p. 78.
3. *Ibid.*, p. 41.
4. Jean-François LYOTARD, «Argumentation et présentation: la crise des fondements», dans l'*Encyclopédie philosophique universelle*, volume 1, Paris, P.U.F., 1989, p. 743.

marquée par l'esthétique de Kant, et que celui-ci n'aura peut-être pas soupçonnée, est que «la réflexivité y est pour ainsi dire pure, au plus près de la réceptivité, c'est-à-dire de la présentation, 'avant' que l'esprit veuille s'emparer de l'objet et se constituer comme subjectivité législatrice en face de lui» [1], il faut préciser qu'avec l'Analytique du sublime il n'y a pas de secrète affinité du senti et du sentir, ainsi que le laissait entrevoir l'Analytique du beau, mais un dés-accord qui les tient à la fois proches et distants l'un de l'autre.

Avec le sublime, l'auto-affection et l'hétéro-affection forment un seul et même phénomène. Leur «mêmeté» se situe dans une antécédence foncière et de la dichotomie sujet-objet et de celle qui oppose la passivité à l'activité. Une telle indifférenciation n'est pensable que s'il y a «conversion immédiate de l'espace-temps en affection» [2], transitivité directe de ce qui est reçu sur ce qui est éprouvé dans l'anonymat d'une sorte de «*plasma* morphogénétique» [3]. Comparable tant à l'être heideggerien procédant sans répit à l'éclosion de son apparaître qu'à la «différance» derridienne indéfiniment différée, ce plasma s'apparente, chez Lyotard, à une ontologie de type parménidien où l'être n'est qu'en tant que pensée, ontologie au sein de laquelle «toute présentation (*Darstellung*) est (...) ramenée à une représentation (*Vorstellung*)» [4]. D'une ontologie forgée à partir d'une esthétique, en particulier celle du sublime, et qui se joue du principe d'unité tout autant que de celui de dualité, ou, plutôt, qui les joue l'un contre l'autre, *Le différend* avait fourni, en son temps, le canevas. La combinaison indistincte du message et du référent, du signe et de ce qu'il signifie, y entraînait cette conséquence inéluctable: «ce dont elle phrase, l'être, est aussi ce qui phrase par sa bouche; le référent est aussi le destinateur. 'C'est le même, être et penser.' La phrase ontologique

1. *Ibid.*
2. *Ibid.*, p. 744.
3. *Ibid.*, p. 746.
4. *Ibid.*, p. 748. Dans ses *Leçons sur l'Analytique du sublime* (Paris, Galilée, 1991), Lyotard parle de la sensation esthétique comme tautégorie et la caractérise de la manière suivante: «l'immédiateté fulgurante et la coïncidence parfaite du sentant et du senti, au point que même la distinction de l'actif et du passif de ce 'sentir' est impropre au sentiment, puisqu'elle y introduirait l'esquisse d'une objectivité et, avec elle, d'une connaissance» (p. 24). On voit bien ici, dans le vocabulaire utilisé, affleurer la difficulté qu'il y a pour Lyotard de penser avec et contre la phénoménologie.

est d'abord une phrase reçue, et le penseur de l'être un destinataire, un témoin»[1]. Dès lors que toutes les instances du discours (celui qui parle, ce dont il est parlé, celui à qui on parle) sont confondues en un seul point, parler est être parlé, dire est entendre, et l'être «révélation»[2]. «Que, dans un univers de phrase, le référent soit situé comme un signe a pour corrélat que dans ce même univers le destinataire est situé comme quelqu'un qui est affecté, et que le sens est situé comme un problème non résolu, une énigme peut-être, un mystère, un paradoxe»[3].

De cette énigme du sens, le sublime infléchit la conception eu égard à *Discours, figure*. Là, on s'en souvient, ce qui dépossédait la pensée était un être hybride, fait de l'extériorité du visible et du désir de figuration de celle-ci. N'étant ni présentable en des formes sensibles ni identifiable, au sens strict du terme, à l'affect inconscient freudien dont il n'offre, précise Lyotard, que «des traits analogues»[4], le sublime kantien dont il réactive aujourd'hui l'affection muette semble relativement étranger au thème du visible et de sa figurabilité. Et pourtant, un peintre américain lui a donné son expression la plus précieuse et la plus exigente[5]. Si l'Autre de la pensée n'est plus le sensible ou le visible dont les toiles de Cézanne laissaient s'opérer la transmutation, mais bien l'ébranlement produit par une affection secrète et silencieuse, il convient de procéder au sacrifice de la figuration – fût-elle déjà en passe d'être définitivement liquidée. Mais, par ailleurs, il n'importe pas moins que l'art pictural devienne un art du temps, à tout le moins un art qui prenne la question du temps en charge. Le temps, on le sait depuis Kant et Husserl, et en particulier le présent, est la forme du sens interne, ce qu'il y a de plus intime à la conscience, sa substance

1. Jean-François LYOTARD, *Le différend*, *op. cit.*, p. 39.
2. *Ibid.*
3. *Ibid.*, p. 91.
4. Jean-François LYOTARD, *Heidegger et «les juifs»*, *op. cit.*, p. 59.
5. Un autre peintre-fétiche de Jean-François Lyotard est Jacques Monory. Mais la fonction critique de l'œuvre de Monory concerne plus l'inhumanité du monde techno-scientifique, «le sublime d'immanence», que l'inhumanité dont notre âme est le siège, à savoir «le sublime de transcendance» (Jean-François LYOTARD, *L'assassinat de l'expérience par la peinture, Monory*, Le Castor Astral, 1984, p. 153). Sur la distinction entre ces deux sortes d'inhumain, voir l'avant-propos de *L'inhumain*, *op. cit.*, p. 9-15.

même, pourrait-on dire. Or le sublime, parce que le sentiment dont il participe ne se fait pas sentir à l'âme qu'il envahit, la dépourvoyant ainsi de tout lyrisme, s'il implique une présence, celle-ci ne saurait être, en aucune façon, une présence qui soit présente à soi. Barnett Newman, que Clément Greenberg rangeait, en compagnie de Mark Rothko, Clyfford Still et Ad Reinhardt, parmi les «color-field painters», est le peintre de ce présent qui déloge la conscience de son lieu propre.

Les très grandes toiles quasiment monochromes de Newman, scandées ou césurées par une ou plusieurs bandes verticales qui ouvrent en elles comme une promesse de «*commencement*»[1], découragent toute velléité de commentaire. Non qu'il manque en elles quelque chose. Au contraire, on a le sentiment que «tout est là»[2], livré tout entier dans l'apparence la plus manifeste d'une pure surface. Rien de voilé, de mystérieux, d'allusif, rien donc de ce qui fait la beauté auratique d'un Benjamin. Rien non plus de fugitif, d'éphémère, de fragile, mais, au contraire, la dureté de ce qui, d'un coup, est donné sans réserve. Et, cependant, parce que la peinture semble se suffire à elle-même, on ne peut s'empêcher de penser que rien n'est donné. Trop et trop peu à la fois. Trop de peinture (les toiles de Newman ont des proportions gigantesques, écrasantes), trop peu de sens (rien à voir d'autre que l'immensité de la couleur, à peine rythmée par une bande verticale). Face à ces toiles pleines de vide, le discours critique ne saurait prendre que la forme de l'interrogation, celle qu'il reporte sur lui-même pour s'annuler: «que dire?»[3]. Le dire perd ici toute valeur affirmative, alors que le tableau s'impose positivement dans une parution qui laisse à court d'arguments: on ne sait quoi dire! La surprise est totale. Le sentiment qui la traduit intraduisible. C'est pourquoi, aux yeux de Lyotard, la poétique dont relèvent les tableaux de Barnett Newman est la poétique des Annonciations. Mais de celles qui n'annoncent rien d'autre qu'elles-mêmes, préservant leur événement dans une performance qui réside tout entière dans l'acte pictural lui-même. De telle sorte que «le

1. Jean-François LYOTARD, «L'instant, Newman», dans *L'inhumain*, *op. cit.*, p. 93.
2. *Ibid.*, p. 91.
3. *Ibid.*

message (...) est le messager»[1], suivant le modèle ontologique parménidien dans lequel le sens délivré ne consiste en rien d'autre que dans le fait de sa délivrance. Le présenté se résorbe dans la présentation et dans les moyens mis en œuvre pour la rendre effective. La matière picturale assume alors l'importance, sans le secours d'aucune forme en laquelle elle s'intégrerait. «Il s'agit pour Newman de donner à la couleur, à la ligne, au rythme, la force de l'obligation»[2]. Et cette obligation n'a pas la force d'un «*Vois-moi*»[3]. Qu'y aurait-il à voir qui puisse tendre le regard, animer l'œil et le pousser vers la captation de «quelque chose»? Peut-être la ligne verticale qui fait naître un début d'ordre, esquisse un monde? Mais, quant à la ligne elle-même, qui verra ce qu'elle est dans son instantanéité? Elle crée certes un semblant de monde, mais son acte créatif «n'est pas de ce monde puisqu'il l'engendre»[4]. Aussi l'obligation dont il s'agit est-elle plutôt un «*Ecoute-moi*»[5]. Le tableau oblige son spectateur à le considérer dans sa propre temporalité, celle d'une offrande immédiate qui se réduit à l'offrande de rien, à «l'abandon du sens»[6] et à la tâche qui nous est assignée d'accepter pareille perte. L'être n'étant plus donné (picturalement) comme *ce* qu'il y a, mais comme un *il y a*, il se décline à l'impératif et ne commande qu'une seule chose: «*Sois*»[7]. A nous d'y répondre dans le plus grand dénuement, c'est-à-dire dans la plus grande responsabilité.

Avec l'injonction du «Sois», nous sommes reconduits à la détermination la plus radicale du sublime kantien, celle d'une prescription transcendantale qui, n'étant nulle part présente, n'ayant nul avoir-lieu, aucun site localisable, n'a force de loi qu'en tant qu'elle est reçue par un destinataire qui s'avère être, *en même temps*, son destinateur. Car ce n'est pas Newman qui nous adresse cette «image-d'ordre», comme on parle d'un mot-d'ordre. Son intervention se borne «à produire le témoignage

1. *Ibid.*, p. 92.
2. *Ibid.*
3. *Ibid.*
4. *Ibid.*, p. 93.
5. *Ibid.*
6. *Ibid.*, p. 98.
7. *Ibid.*, p. 99.

qu'*il y a*, à répondre à l'ordre d'être»[1]. Il est un intercesseur, le transmetteur d'un commandement qui vient de plus loin que de la subjectivité dans laquelle on peut le localiser, mais dont la provenance lui reste étrangère. Comme lui, à notre tour, mais grâce à son œuvre qui sert de relais, nous accueillons cet impératif, nous en devenons les dépositaires. Et comme il l'était au moment de peindre, nous nous sentons totalement abandonnés, livrés à l'insignifiance d'un ordre dont, au mieux, nous ne sommes que la chambre d'échos. C'est pourquoi il y a dans le sublime quelque chose de messianique, mais d'un messianisme déçu: «le Messie, porteur de sens, se fait toujours attendre»[2]. Et Newman n'y est pour rien, il subit, avec nous, ce déficit – qu'il nous donne à ne pas oublier dans ses tableaux. Ceux-ci sont des «images de silence», c'est-à-dire des images qui ne figurent rien, ni sur le plan plastique ni sur le plan symbolique, des images sans distance représentative, qui s'absentent au regard, des images minimales, et dont la pointe extrême de minimalisation se condense dans le «Sois» qui résonne en elles. Ce «Sois», loin d'être celui «de la résurrection», est celui «de la récurrence d'une prescription émanant du silence ou du vide, et qui perpétue la passion en la réitérant par son début»[3].

L'affect sublime est cette passion originaire qui fait retentir en nous l'injonction d'être dont nous n'avons pas les moyens de savoir ni de qui ou de quoi elle est l'appel ni qui ou quoi est ainsi appelé. Dans cette équivoque de la destination, notre être apparaît comme «un choral singulier»[4]. Dénués de fonction évocatrice, les tableaux de Newman nous renvoient, en nous y confrontant, à la présence la plus humble, la nôtre, repliée sur elle-même et cependant interpellée par cet impératif ontologique qui, logé au cœur du «moi», en fait un chœur. C'est

1. *Ibid.*, p. 98.

2. *Ibid.* Ce messianisme est un autre point de convergence entre Lyotard et Derrida qu'il conviendrait ailleurs d'élucider.

3. *Ibid.*

4. Jean-François LYOTARD, «*Sensus communis*, le sujet à l'état naissant», dans *Confrontation*, n° 20, hiver 1989, p. 169. La détermination du sublime comme «voix» demanderait à être interprétée à la lueur d'un rapprochement avec la pensée heideggerienne de l'être comme *Stimme* et celle du sujet comme «interloqué» chez Jean-Luc Marion. Le numéro de la revue *Confrontation* mentionné ici pourrait en ébaucher les grandes lignes.

pourquoi, en face des grands monochromes du peintre américain, *j*'entre en résonnance avec l'être, autre façon de dire que je *m*'écoute à travers sa revendication : «*je* (...) ne suis qu'une oreille ouverte au son qui lui arrive du silence, le tableau est ce son, un accord» [1].

Rudy STEINMETZ
Université de Liège.

1. Jean-François LYOTARD, «L'instant, Newman», *op. cit.*, p. 94.

LA FORME DÉVORÉE. POUR UNE APPROCHE DELEUZIENNE D'INTERNET

1. *La philosophie comme constructivisme immatériel*

«La philosophie n'est pas communicative, pas plus que contemplative ou réflexive: elle est créatrice ou même révolutionnaire, par nature, en tant qu'elle ne cesse de créer de nouveaux concepts. La seule condition est qu'ils aient une nécessité, mais aussi une étrangeté et ils les ont dans la mesure où ils répondent à de vrais problèmes».

Cette définition du rôle de la philosophie, présentée dans une interview donnée en 1988 par Gilles Deleuze au *Magazine Littéraire*, fait écho, 20 ans plus tard, aux premières pages du livre fondateur de la pensée deleuzienne qu'est *Différence et Répétition*. Deleuze y appelait déjà de ses vœux «l'empirisme supérieur» comme mission suprême du philosophe bâtissant librement ses concepts à partir d'un donné préindividuel et sauvage: «L'empirisme, c'est le mysticisme du concept et son mathématisme. Mais précisément, il traite le concept comme l'objet d'une rencontre, comme un ici-maintenant, ou plutôt comme un *Erewhon* d'où sortent, inépuisables, les 'ici' et les 'maintenant' toujours nouveaux, autrement distribués. (...) Je fais, refais et défais mes concepts à partir d'un horizon mouvant, d'un centre toujours décentré, d'une périphérie toujours déplacée qui les répète et les différencie»[1].

De ce que la philosophie est définie comme un constructivisme puisant sa matière dans l'immatériel de la vie elle-même, il s'ensuit le grand réconfort de son immortalité. Il ne faut pas craindre l'obsolescence de la philosophie, pas plus qu'il ne faut redouter le dépassement de la métaphysique. Il importe peu, selon Deleuze, que le savoir se fonde aujourd'hui

1. *Différence et répétition*, PUF, 1968, p. 3.

sur la Science seule et sa mise en œuvre sur la seule technique. La philosophie n'est pas une discipline entée sur la découverte de ce qui est : elle n'a rien à nous dire sur la Nature, car son essence est seulement de construire la culture, c'est-à-dire bâtir une vision du monde.

Deleuze définit ainsi le philosophe comme un ingénieur de l'immatériel, dont la tâche est de produire les outils de la réflexion, d'usiner les mots, de dessiner et d'assembler les topographies conceptuelles qui constitueront les briques élémentaires de la pensée[1]. A l'instar de l'ingénieur gravant dans le silicone les arcanes des microprocesseurs, le philosophe conçoit et articule les idées, les met en œuvre dans un texte, les essaye et en décline les possibilités avant de les livrer au monde.

Comme toute production d'outils culturels, la production philosophique est soumise aux impératifs de la *fonctionnalité* et de la *séduction*, puisque les concepts qu'elle construit doivent être ergonomiques et conviviaux, c'est-à-dire répondre à un besoin du monde dans lequel ils s'inscrivent et exercer sur les utilisateurs une attraction suffisante pour entrer dans le langage.

1.1. Le *principe d'ergonomie* qui doit régir la philosophie signifie que le concept n'a de pertinence que pour autant qu'il justifie de sa « nécessité », c'est-à-dire réponde à un « vrai problème » du monde auquel il est destiné[2]. La validité d'un concept se juge donc d'abord à l'aune de son utilité, qui n'est autre que son évidence *a posteriori* : un concept pertinent est un concept dont on ne peut plus se passer ensuite pour appréhender la problématique dans laquelle il s'inscrit.

1. Sur ce centrage de la philosophie sur la création de concepts, c'est-à-dire en définitive sur le langage, cf. également G. HOTTOIS, *L'inflation du langage dans la philosophie contemporaine*, PUB, 1979 et *Le signe et la technique*, Aubier, 1984. Le projet de ce dernier ouvrage nous semble s'inscrire pleinement dans la définition de la philosophie comme « création des outils culturels fondamentaux » avec lesquels l'homme agit et interagit avec le monde, puisque l'auteur, qui réfléchit sur le phénomène technique, se propose *in fine* de vérifier « s'il est possible d'accréditer une direction dans laquelle faire peser les signes pour freiner ou canaliser la croissance aveugle et amorale de la technique » (*Le signe et la technique*, p. 20) (ce qui rejoint la problématique d'une création de concepts de nature à appréhender et in-former le phénomène de la technique).

2. Cf. l'interview précitée donnée par Deleuze au *Magazine Littéraire*.

A la manière du « bon produit » qui crée chez le consommateur le besoin auquel il répond, le concept philosophique crée simultanément la question qu'il creuse et la réponse qu'il apporte. Réfléchir sur l'idée de liberté ou de structure, c'est tenter de mettre en lumière certains aspects, et donc définir un point de vue, un paysage conceptuel plus ou moins convaincant : c'est en tout état de cause une création à partir et autour d'un donné, à la manière du regard qui tout à la fois se soumet et définit le paysage qu'il capture de son point de vue particulier. Le discours philosophique pertinent est alors le paysage conceptuel qui sera simultanément probable et inédit, c'est-à-dire apparaîtra tout à la fois « véritable » et étonnant.

L'évidence produite, cette élégance naturelle du concept, marque notamment les idées deleuziennes de rhizome, de pli, de déterritorialisation, de devenir-imperceptible ou de schizo-analyse : concepts pertinents parce que fonctionnels, c'est-à-dire ayant généré leur nécessité pour décrire une certaine conception du monde et de la liberté.

Mais encore faut-il que le concept réponde au *principe de séduction*. C'est ce que Deleuze nomme l'indispensable « étrangeté » du concept : celui-ci doit posséder un charme au sens original de *carmen* ou *fascination*. C'est l'antique exigence du *taumazein* : le philosophe s'étonne et communique son étonnement par son texte. D'où il suit que le concept doit être tout à la fois lisible et troué d'opacité, comme un paysage ensoleillé à la fois clair et moucheté par les ombres. Il faut donc tisser les concepts avec des fils de lumière et quelques fils d'obscurité, ceux-ci donnant le relief de la texture et veillant à soutenir le désir[1].

1.2. Fabricant de machines abstraites étranges mais nécessaires, le philosophe selon Gilles Deleuze sera nécessairement

1. C'est ici que la métaphore du « concept-produit » peut sembler trouver sa limite, dans la mesure où l'on soutiendrait que le produit n'a pas à « étonner ». Toutefois, une analyse plus en profondeur des techniques du marketing indique que le produit répond lui aussi à un principe de séduction qui implique une certaine « part de l'ombre » par l'apposition d'une marque fonctionnant comme le signe d'un univers symbolique dans lequel s'inscrit le produit (un jeans revêtu de la marque Marlboro séduit au moins autant par l'univers symbolique qu'il esquisse au travers de l'imaginaire de la marque que par sa valeur-fonction). Cette alliance du fonctionalisme et de la séduction trouée d'ombre caractérise aussi le concept.

«dans le monde»: la philosophie n'est pas une activité théorique centripète, mais une démarche pratique intrinsèquement centrifuge. Chez Deleuze, toute théorisation est pensée et organisée en fonction d'une application au groupe ou plus encore à l'individu[1]: «avant l'être, il y a la politique. La pratique ne vient pas après la mise en place des termes et de leurs rapports, mais participe activement au tracé des lignes, affronte les mêmes dangers et les mêmes variations qu'elles»[2]. Le texte doit donc partir du geste et tendre vers lui, et non pas le transcender à la manière d'une doctrine: «on n'a plus une tripartition entre un champ de réalité, le monde, un champ de représentation, le livre, et un champ de subjectivité, l'auteur. Mais un agencement met en connexion certaines multiplicités prises dans chacun de ces ordres, si bien qu'un livre n'a pas sa suite dans le livre suivant, ni son objet dans le monde, ni son sujet dans un ou plusieurs auteurs. Bref, il nous semble que l'écriture ne se fera jamais assez au nom d'un dehors. (...) Le livre, agencement avec le dehors, contre le livre-image du monde. Un livre-rhizome, et non plus dichotome, pivotant ou articulé»[3].

Deux caractéristiques essentielles de la pensée deleuzienne résultent de ce qui précède. La première réside dans l'évidente *visualité* de la pensée deleuzienne: Deleuze écrit pour les yeux, trace des métaphores, noue des paysages. Chaque pensée est un enchaînement de traits lumineux: la philosophie comme ligne d'écriture, la ligne nomade comme essence du concept, l'opposition entre l'arbre et le rhizome, le philosophe bâtisseur. Nous verrons se poursuivre ci-dessous cette immanence de l'image au cœur des réflexions métaphysiques censées les plus abstraites, et le paradoxe simultané de cette philosophie qui utilise l'image pour véhiculer le message essentiel de son nécessaire dépassement.

La seconde caractéristique résulte de la conception du texte philosophique comme ligne d'écriture dont l'ambition est de

1. Sur ce point, cf. M. BUYDENS, *Sahara, l'esthétique de Gilles Deleuze*, Vrin, 1990, p. 43.

2. DELEUZE, *Mille Plateaux*, Ed. de Minuit, 1980, p. 249. La vocation pratique de ses concepts se trouve également affirmée aux pages 33, 140, 182 et 186.

3. DELEUZE, *Mille Plateaux*, *op. cit.*, p. 34.

générer des lignes de vie, comme un événement engendrant des événements ou une pratique énoncée pour la pratique. D'où il suit qu'il conviendra de vérifier si et comment les concepts définis par la pensée deleuzienne peuvent être mis en œuvre au niveau du groupe et de l'individu[1].

Nous verrons ici, au travers d'une brève analyse du concept de pli comme concept clé de la métaphysique deleuzienne, la place que celle-ci octroie à la notion de *forme* (et dès lors à celle d'*image* comme étant un des dérivés de cette notion) ainsi que l'application qui peut être faite de cette analyse deleuzienne pour l'approche du phénomène d'Internet.

2. *Le pli comme concept fondateur de la métaphysique du chaos*

2.1. «Le Baroque ne renvoie pas à une essence, mais plutôt à une fonction opératoire, à un trait. Il ne cesse de faire des plis (...) Le trait du Baroque, c'est le pli qui va à l'infini. Et d'abord, il les différencie suivant deux directions, suivant deux infinis, comme si l'infini avait deux étages: les replis de la matière et les plis dans l'âme. (...) Et la même image, celle des veines de marbre, s'applique aux deux sous des conditions différentes: tantôt les veines sont les replis de la matière qui entourent les vivants pris dans la masse, si bien que le carreau de marbre est comme un lac ondoyant plein de poissons. Tantôt les veines

1. Le concept comme machine abstraite entée sur la pratique rejoint ainsi cette variété du *concetto* maniériste qu'est la devise ou *impresa*, c'est-à-dire un «symbole composé en principe d'une image et d'une sentence, et servant à exprimer une règle de vie ou un programme personnel de son auteur» (KLEIN, *La forme et l'intelligible*, Gallimard, 1970, p. 125). La devise, comme le concept théorico-pratique de Deleuze, est un *devis*, c'est-à-dire un dessein ou un *pro-jet*, de la même manière que le terme italien *impresa* signifie «entreprise». Nul n'ignore que le phénomène de la «devise» est antérieur à l'époque maniériste, puisqu'on en trouve notamment trace dans la tragédie d'Eschyle *Les Sept contre Thèbes*. C'est au seizième siècle toutefois que la devise devient comme telle objet de réflexion: ainsi, dans un ouvrage paru à Lyon en 1551 et intitulé *Les Devises héroïques*, Claude Paradin tente pour la première fois de recueillir et de commenter les devises célèbres. Les devises, explique-t-il, sont des figures peintes accompagnées d'un mot, et dont le but est d'être «mémoire de vertu» pour les Grands de ce monde, qui pour cette raison les représentent sur leurs armes ou dans leur maison afin de les avoir toujours sous les yeux et de les montrer aux autres. La devise est ainsi, à l'instar du concept étrange et nécessaire défini par Deleuze, un outil de la vie concrète.

sont les idées innées dans l'âme, comme les figures pliées ou les statues en puissance prises dans le bloc de marbre»[1].

Ce texte ne parle toutefois ni du Baroque ni de Leibniz, mais à travers eux, de la théorie deleuzienne de la *multiplicité*. Il en parle de telle sorte que les concepts qui nous sont présentés *frappent nos sens* avant même notre raison: usage de la métaphore comme d'un fouet destiné à réveiller les sens du philosophe endormi. L'image est un outil pour dynamiser le concept, l'exprimer et l'imprimer dans la mémoire du lecteur. Utilisation fonctionaliste et énergétique de la visualisation dans le mécanisme même de la démarche philosophique: il s'agit ici de (re)présenter dans et par l'image métaphorique le concept clé de la multiplicité ou du pli comme forme transcendantale, dont on verra qu'elle débouche paradoxalement sur une indexation négative de l'idée de forme elle-même.

Les plis et les veines du marbre baroque comme figures anamorphotiques des idées dans l'âme et des découpages que l'homme impose au monde: comme la figure de marbre qui paraît, par sa dureté, puiser ses racines dans l'être le plus immémorial, les idées et les formes découpées par l'homme dans la chair du monde paraissent données *a priori* et dès lors inévitables. Et pourtant, Deleuze affirmera que les idées et les formes sont aussi peu imposées *a priori* que ne le sont les plis des statues baroques: il faut imaginer que seule la matière aformelle préexiste, et que toute forme réelle ou imaginée en est un plissement contingent et transitoire, fruit du hasard ou de la liberté.

Tout est pli, de la même manière que tout était agencement, agrégat instable de singularités intensives, froissements d'écume à la surface d'un océan d'énergie pure. Toutes les formes (et dès lors ces formes abstraites que constituent à leur manière les idées et les événements) s'analysent en dernière instance comme des plissements de la vie, c'est-à-dire comme des nodosités provisoires de ce transcendantal aformel dont Deleuze nous parlait déjà dans *Différence et Répétition*[2].

1. DELEUZE, *Le Pli, Leibniz et le Baroque*, Ed. de Minuit, 1988, p. 5-6.

2. PUF, 1968, 5e éd. PUF, 1985, p. 4: «Nous croyons en un monde où les individuations sont impersonnelles et les singularités préindividuelles». Cf. également p. 221 et 236.

Le pli[1] n'est que la dernière déclinaison d'une famille de notions qui va de la *multiplicité* au *rhizome* en passant par la *meute*, l'*heccéité* et le *moléculaire*[2].

2.2. Pour comprendre le concept deleuzien de pli, un bref retour à la notion de multiplicité s'impose donc. Cette notion mérite notre attention sous l'angle d'un examen du statut de la forme (et donc de l'image comme expression particulière de celle-ci), puisqu'elle est précisément la notion fondamentale qui en définit l'essence.

La *multiplicité*, nous dit Deleuze, est tout d'abord à distinguer du *multiple* en ce que ce dernier s'insère dans son opposition traditionnelle avec l'Un[3]. Dans ce couple «classique», le multiple n'est pas considéré en lui-même mais bien rapporté à l'unité comme à ce qui le fonde ou le transcende. Cette unité première, par rapport à laquelle le multiple est nécessairement relatif, opère soit dans l'objet (comme signification constitutive), soit dans le sujet (comme foyer de la perception). Par cette opération, le multiple apparaît ainsi comme subordonné, totalisé dans une dimension supplémentaire «en surplomb», de telle sorte qu'il doit être qualifié de «pseudo-multiplicité».

Face à cette notion du multiple fondée sur et rapportée à l'unité, Deleuze oppose la multiplicité comme «organisation propre au multiple en tant que tel, qui n'a nullement besoin de l'unité pour former un système»[4]. Alors que le multiple se voyait transcendé par une extériorité totalisante, la multiplicité sera au contraire définie comme plate dans la mesure où elle ne se laisse pas surplomber par une signification ou une subjecti-

1. Dont on trouve d'ailleurs déjà une première apparition dans *Mille Plateaux* sous le terme de *plicature* (*Mille Plateaux*, p. 312).

2. Cf. *Mille Plateaux*, p. 57, où Deleuze se met indirectement en scène: «Il (?) prétendait avoir inventé une discipline, qu'il appelait de noms divers, rhizomatique, strato-analyse, schizo-analyse, nomadologie, micro-politique, pragmatique, science des multiplicités (...)».

3. *Mille Plateaux*, p. 14-15: «C'est seulement quand le multiple est effectivement traité comme substantif, multiplicité, qu'il n'a plus aucun rapport avec l'Un comme sujet ou comme objet, comme réalité naturelle ou spirituelle, comme image du monde. Les multiplicités sont rhizomatiques, et dénoncent les pseudo-multiplicités arborescentes. Pas d'unité qui serve de pivot dans l'objet, ni qui se divise dans le sujet (...) Une multiplicité n'a ni sujet ni objet, mais seulement des déterminations, des grandeurs, des dimensions qui ne peuvent croître sans qu'elle change de nature».

4. *Différence et répétition*, 5e éd., p. 236.

vation. Négativement, le caractère «plat» de la multiplicité signifie donc son asignifiance et son asubjectivité. Positivement, on peut dire que la multiplicité «remplit toutes ses dimensions», et qu'elle ne peut dès lors recevoir une dimension supplémentaire sans changer de nature[1]. Il en résulte que la multiplicité pourra être également qualifiée d'*intrinsèque* (puisque sans surcodage extrinsèque).

Remarquons que, si la multiplicité ne se laisse totaliser par aucune dimension supplémentaire «objective» ou «subjective», elle ne peut pas non plus, par voie de conséquence, se laisser nommer (par un nom propre) ni dénombrer: qu'est-ce en effet que la nomination ou le dénombrement, si ce n'est précisément une totalisation, un étiquetage et une tentative de maîtrise de ce qui reçoit ainsi un nom et un nombre? «Donner un nom, c'est toujours, comme tout acte de naissance, sublimer une singularité et la livrer à la police» (Derrida)[2]. Aussi Deleuze célèbre-t-il la «splendeur du ON»[3] et le naufrage des noms propres[4].

Quant au dénombrement, qu'il soit diabolique, instrument de maîtrise, voilà qui peut s'enorgueillir d'une prestigieuse tradition: le péché de David, inspiré par Satan lui-même, n'est-il pas précisément d'avoir dénombré Israël[5]? Dénombrer, c'est mesurer l'œuvre de Dieu, et renier dès lors le point de vue immergé de la créature pour le coup d'œil surplombant de l'architecte. C'est se hisser au-delà de ce qui est compté, en une position de maîtrise qui n'appartient qu'à Dieu. Or, que fait Deleuze, si ce n'est réitérer cette interdiction biblique du dénombrement? Ne comptez pas! Ne totalisez pas! Ne tentez pas ce coup de force qui serait pour la multiplicité un coup de

1. «Une multiplicité n'a ni sujet ni objet, mais seulement des déterminations, des grandeurs, des dimensions qui ne peuvent croître sans qu'elle change de nature (...) Un agencement est précisément cette croissance des dimensions dans une multiplicité qui change nécessairement de nature à mesure qu'elle augmente ses connexions» (*Mille Plateaux*, p. 15).

2. DERRIDA, *Glas*, Denoël/Gonthier, 1976, p. 9.

3. *Différence et répétition*, *op. cit.*, p. 4.

4. *Logique du sens*, *op. cit.*, p. 10.

5. La faute de David est relatée dans l'*Ancien Testament*, Premier livre des Chroniques, 21-1 sqq: «Satan se dressa contre Israël et il incita David à dénombrer Israël. David dit à Joab et aux chefs du peuple: «Allez, comptez Israël depuis Béer-sheva jusqu'à Dan, puis faites-moi un rapport pour que j'en connaisse le nombre».

grâce ! D'ailleurs, la multiplicité est indénombrable puisqu'elle a *n* dimensions[1]. Le nombre *n* vient donc sauver la multiplicité de tout surcodage par le dénombrement, de la même manière que les dix mille myriades d'anges du Prophète Daniel évaporaient par leur pléthore la tentation diabolique du nombre[2].

Il y a une évidente fascination deleuzienne pour l'*indénombrable*, le pullulement qui ne peut être saisi par la mise en ordre du nombre : elle s'exprime dans la définition du transcendantal comme grouillement d'intensités quantiques, dans les *n* dimensions de la multiplicité, dans la fascination de la meute comme destin libérateur[3].

La multiplicité ou le pli définit la réalité théorique de la meute, du grouillement, de la myriade indénombrable comme finalité du moi et de la pensée : fonder une philosophie et une pratique qui prendrait l'indénombrable comme valeur essentielle, le grouillement emportant toute forme comme vérité du monde. Glorifier l'ensemble C du mathématicien Cantor, cet infini rétif au dénombrement qui s'oppose à l'infini dénombrable nommé « Aleph indice zéro » par le même Cantor. On retrouve ici cette opposition – dont les deux termes coexistent en vérité – d'une théorie de l'indénombrable (c'est-à-dire du sans-forme) et d'une théorie du dénombrable, c'est-à-dire de l'ubiquité de la structure et de la toute puissance de la forme.

Cette opposition n'est autre finalement que celle d'une pensée de la vanité des images – vanité deleuzienne des formes comme froissements précaires d'un sans-fond préformel – à une pensée qui exalterait au contraire la primauté ontologique de l'image. Une pensée de la manière plutôt que de la chose elle-même, qui renverrait toute chose réelle au double obscur de son dessin dans la pensée. Réfléchir ne serait pas autre chose que faire tourner le carrousel des images de la chose, une déclinaison infinie de ses profils, sans invoquer derrière elle la

1. *Mille Plateaux*, *op. cit.*, p. 31.

2. Daniel VII, 10 : « Un fleuve de feu coulait et sortait devant lui. Mille milliers le servaient ; dix mille myriades se tenaient devant lui ».

3. Le devenir-animal comme discipline de dépassement du moi, c'est avant tout devenir meute : « dans un devenir animal, on a toujours affaire à une meute, à une bande, à une population, à un peuplement, bref à une multiplicité (...) Je suis légion » (*Mille Plateaux*, p. 293).

présence d'un transcendantal aformel ou, ce qui revient au même, d'une idée de Bien insaisissable et irreprésentable.

En somme, Deleuze nous invite en creux à construire une pensée de la représentation, c'est-à-dire de la mise à distance et de la mise en tableaux, une pensée de la métaphore multiple où toute idée se définirait comme un *disegno interno* et où le monde ne pourrait être conçu que comme un mille-feuilles d'images multicolores (dont une des strates serait celle du monde, les autres étant les multiples strates du regard et du langage).

Cette philosophie *formaliste*, contre laquelle pense Deleuze et à laquelle il nous invite *a contrario*, nous ne pouvons ici qu'en indiquer la direction, aussi nous bornerons-nous à reprendre les mots de Fichte selon lesquels «les images seules sont: elles sont la seule chose qui existe, et elles ont connaissance d'elles-mêmes à la manière des images – des images qui passent, flottantes, sans qu'il y ait quelque chose devant quoi elles passent; qui se rapportent les unes aux autres par des images d'images (...). Moi-même, je suis une de ces images; non, même cela je ne le suis pas, mais seulement une image confuse des images. Toute réalité se transforme en un rêve merveilleux, sans une vie qui serait rêvée et sans un esprit qui rêverait; en un rêve qui se rapporte à un rêve lui-même»[1].

2.3. S'interrogeant plus précisément sur les conditions auxquelles il est permis de parler de multiplicité, Deleuze en découvre trois[2]: «1° Il faut que les éléments de la multiplicité n'aient ni forme sensible, ni signification conceptuelle, ni dès lors fonction assignable (...) mais au contraire, leur indétermination rend possible la manifestation de la différence en tant que libérée de toute subordination. 2° il faut en effet que ces éléments soient déterminés mais réciproquement, par des rapports réciproques qui ne laissent supposer aucune indépendance (...) Mais toujours la multiplicité est définie de manière intrinsèque, sans en sortir ni recourir à un espace uniforme dans lequel elle serait plongée (...). 3° une liaison idéale, un rapport différentiel doit s'actualiser dans des relations spatio-

1. FICHTE, *La destination de l'homme*, trad. J.C. Goddard, Paris, 1995, p. 147.
2. *Différence et répétition*, p. 237.

temporelles diverses, en même temps que ses éléments s'incarnent actuellement dans des termes et formes variés».

La première condition exprime la nature *préindividuelle* des singularités qui constituent chez Deleuze la substance du transcendantal où se découperont les multiplicités: «Il faut essayer de penser ce monde où le même plan fixe, qu'on appellera d'immobilité ou de mouvement absolus, se trouve parcouru par des éléments informels de vitesse relative, entrant dans tel ou tel agencement individué d'après leurs degrés de vitesse et de lenteur. Plan de consistance peuplé d'une matière anonyme, parcelles infinies d'une matière impalpable qui entrent dans des connexions variables»[1].

Il faut, en d'autres termes, poser *au-delà de toute forme* objective ou subjective, un champ transcendantal constitué de quantités élémentaires d'énergie potentielle non individuées et pourtant hétérogènes, c'est-à-dire comme un ensemble (indénombrable) de singularités intensives: «arriver à des éléments qui n'ont plus de forme ni de fonction, qui sont donc abstraits en ce sens, bien qu'ils soient parfaitement réels. Ils se distinguent seulement par le mouvement et le repos, la lenteur et la vitesse. Ce ne sont pas des atomes, c'est-à-dire des éléments finis encore doués de forme. Ce ne sont pas non plus des infiniment divisibles. Ce sont les ultimes parties infiniment petites d'un infini actuel, étalées sur un même plan, de consistance ou de composition. Elles ne se définissent pas par le nombre, puisqu'elles vont toujours par infinités»[2].

Ces singularités intensives ou «quantiques» forment le «plan» ou la *texture* à partir de laquelle se constituent les agencements superficiels définissant l'individualité (la forme) des choses et des êtres. Ce grouillement de singularités préindividuelles (qui n'est rien d'autre *in fine* que la vie elle-même) constitue le seul donné, dont les agrégats et les plis provisoires définiront les choses et les états de choses et dans la chair duquel le philosophe, cet «empiriste libre», fera et défera ses concepts.

1. *Mille Plateaux*, p. 312-313.
2. *Mille Plateaux*, p. 311. Deleuze fait ici référence à Spinoza.

Pour que ces singularités soient préindividuelles, il est nécessaire qu'elles n'aient ni forme sensible, car celle-ci aboutirait à les individuer «matériellement», ni signification conceptuelle, car celle-ci équivaudrait à les individuer «intellectuellement».

La troisième des conditions énoncées expose la *virtualité* de la multiplicité comme agencement transcendantal de singularités. La multiplicité en tant que système non localisable d'éléments différentiels devra s'actualiser dans le champ de l'effectivité en une expression qui sera nécessairement à profils variables (un même concept n'a pas qu'une seule expression).

La seconde condition expose quant à elle le caractère d'*intrinsécité* évoqué ci-dessus: la multiplicité nous est présentée comme un système dont la définition est purement interne, puisqu'elle dépend exclusivement de la position respective des éléments qui la composent. Seules les relations réciproques entre les singularités caractérisent une multiplicité. La nature de celle-ci n'est donc pas autre chose que la carte de ses éléments. Or, ces derniers sont par ailleurs définis comme mouvants: la singularité préindividuelle est par essence nomade, mobile, toujours susceptible de modifier sa position sur la carte[1]. Nomade, la singularité est également libre de ses mouvements puisque, étant à égale distance des autres (ou «également différente»), aucune affinité ne préexiste qui serait susceptible de déterminer *a priori* l'agencement dans un sens ou dans un autre.

Il en résulte que toute idée (mais aussi toute chose ou tout événement) est frappée en son cœur même du sceau de la *contingence*: sa forme n'est guère nécessaire, mais résulte de l'agencement spontané et toujours modifiable des singularités qu'elle enserre à un moment donné. Chaque multiplicité pourrait ainsi être pensée comme un pli qui se noue, se dénoue et se renoue au gré des forces conjuguées du monde et de l'imagination.

Il suit ainsi des considérations qui précèdent que la métaphysique deleuzienne est intrinsèquement fondée sur une

1. Cf. DELEUZE, *Logique du Sens*, Ed. de Minuit, 1969, p. 76; *Différence et répétition*, p. 356-357.

indexation négative de la forme : seule la matière, la vie, le transcendantal préindividuel est donné *a priori*, toute forme n'apparaissant que dans un moment ontogénétiquement second. La forme, simple effet de surface, est surbordonnée à l'aformel qui la transcende et l'emporte. Il en résulte dès lors que la forme comme ensemble clos agençant des éléments de manière stable et donné *a priori* est à considérer comme une pure illusion sinon un dangereux mensonge. Le concept de multiplicité ou de pli fonde et explique cet aformalisme de la pensée deleuzienne en affirmant la possibilité de penser les découpages de l'être autrement qu'en termes de formes, et plus exactement en termes antinomiques à ceux inhérents à ce concept.

Ce qui est assuré en dernière instance par cette indexation négative du concept de forme n'est autre que la plus grande fluidité, c'est-à-dire la plus grande *liberté*, de la création conceptuelle : si aucune forme n'est donnée *a priori* (puisque le transcendantal est préindividuel, c'est-à-dire *a-formel*), il s'ensuit que toute forme n'est que l'agencement provisoire de singularités mouvantes et libres et que l'homme ou le hasard sont libres de les réassembler autrement.

Deleuze nous donne ainsi une métaphysique du chaos, où toute forme (conçue ou réelle) est pensée comme le plissement contingent d'un transcendantal qui emprunte au chaos son grouillement, son intensité énergétique et son intrinsèque *vacuité formelle*. Cette métaphysique où seule l'intensité (l'aformel) est donnée *a priori* permet à son tour de fonder la liberté humaine : si aucune forme n'est imposée en dernière instance, si rien n'est gravé dans le marbre de la nécessité, alors tout est à faire et tout peut être créé.

Cette structure « floue », fluide et libre de la multiplicité est désignée par les notions de *série* ou de *rhizome*, qui renvoient toutes deux à une idée de structure minimale et souple. Une série n'est en effet, à prendre ce terme en son sens premier, qu'une juxtaposition ou une suite de termes (par opposition à la structure *sensu stricto*, qui implique une idée de système, de profondeur et d'organisation plus complexe), tandis que le rhizome est une tige qui se caractérise par le fait que, poussant horizontalement, elle prolifère sans se structurer binairement et sans qu'on puisse en fin de compte lui assigner un début et une fin (par opposition aux racines arborescentes, dichotomiques et hiérarchisées). La série et le rhizome, formes organisationnelles de la multiplicité, apparaissent donc comme des modèles d'organisation linéaire et progressant de proche en proche sans hiérarchie et sans dichotomie.

Cette nature linéaire, souple, ductile, de la structure sérielle ou rhizomatique apparaît avec une clarté particulière lorsqu'on parcourt les principes propres au rhizome tels qu'ils sont exposés dans *Mille Plateaux*.

Le premier de ceux-ci est le *principe de connexion et d'hétérogénéité*, en vertu duquel «n'importe quel point d'un rhizome peut être connecté avec n'importe quel autre, et doit l'être»[1]. La structure en rhizome agglomère donc l'hétérogène à l'hétérogène, sans qu'un ordre vienne canaliser la survenance des connexions.

Cette même liberté se trouve confirmée par le *principe de rupture asignifiante* en vertu duquel «un rhizome peut être rompu, brisé en un endroit quelconque»[2], contrairement aux structures arborescentes dont les points de rupture sont limitativement localisés et signifiants. Nous retrouvons ici l'aspect déterminant du modèle linéaire, à savoir sa ductilité et, de ce fait même, la contingence de ses configurations: la ligne se tord, se brise, noue un pli, trace une constellation, mais jamais n'y succombe. Car la ligne est «antérieure» aux dessins qu'elle noue: elle ne s'y investit qu'à moitié, ne les inscrit que pour les fuir aussitôt. Capturer la ligne dans le contour qu'elle trace serait la cristalliser en son contraire: la forme, une ligne morte. Aussi la ligne suppose-t-elle, comme ce qui constitue sa vie même, d'être rompue, brisée, connectée sans répit ni préméditation. La figure linéaire (dont le pli ou la multiplicité constitue le concept théorique) se doit d'être asignifiante, car si la figure tracée se voit dotée d'une signification, elle est de ce fait cristallisée, arrimée dans le message qu'elle est censée avoir exprimé. La signifiance, comme la forme substantielle, est une

1. *Mille Plateaux*, p. 13.
2. *Mille Plateaux*, p. 16.

façon d'éterniser, de transformer le précaire en signe conservable.

Ces figures contingentes à structures rhizomatique sont appelées par Deleuze *heccéités* lorsqu'elles s'incarnent dans le champ de l'effectivité. L'heccéité désigne en effet *un mode d'individuation par composition accidentelle (puisque non substantielle) d'hétérogènes*, qui s'oppose à l'individuation « classique » des êtres et des choses enfermés dans leur essence[1]. Ainsi, une heccéité sera un agencement provisoire de singularités, tel que, par exemple, le degré de chaleur d'un jour d'été qui se compose avec le degré de blancheur de la rue et l'enfant qui y court. Composition aléatoire, combinaison d'éléments en mouvement, nouant une individuation sans essence selon le principe de la connexion des hétérogènes.

2.4. On aura compris que le concept de *pli*, présenté dans un des derniers livres de Gilles Deleuze, sera le concept subsumant la notion de multiplicité et celle de rhizome. Il reprend, dans un mot étrange parce qu'étranger au discours philosophique, les caractères de ces notions fondatrices et en permet une intuition pour ainsi dire immédiate.

Le pli est ce qui ramasse un donné, l'incurve, l'infléchit, le tord et finalement l'élève dans un pincement qui fait forme. Le pli incarne et exprime le *matiérisme transcendantal* qui sous-tend la pensée deleuzienne : *primauté de l'informe*, de l'intensité pure sur laquelle viennent se nouer, en un moment ontogénétiquement second, les choses et les sujets.

Posés sur l'abîme et nourris de lui, les objets sont dès lors définis comme *objectiles*[2], c'est-à-dire collections de courbes qui les déterminent de l'extérieur (de telle sorte que l'objet n'a ni essence ni forme substantielle). Et dans le même mouvement d'ouverture sur le sans-fond dont le monde n'est que l'écume, le sujet se transforme en *superjet*, filet jeté sur un morceau de chaos, enveloppe provisoire de plis d'âme et de matière, et ainsi point de vue labile sur le monde.

Le concept de pli exprime le caractère à la fois contingent et ontologiquement second de la forme (comme agrégat d'une

1. *Mille Plateaux*, p. 310.
2. *Le Pli*, p. 27.

texture ontologiquement première), mais aussi le caractère *rhizomatique*, linéaire et ondulant, de la propagation et de la connexion des formes entre elles. Un des thèmes de la pensée deleuzienne est en effet, comme nous l'avons vu, celui de la continuité du monde : s'il faut penser le monde comme une émanation mouvante d'un transcendantal composé de singularités préindividuelles, il s'ensuit nécessairement que, derrière les discontinuités apparentes résultant des formes, préexiste une continuité fondamentale. Les sujets (superjets jetés au-dessus du chaos) et les objets (objectiles noués à la surface du monde) ne sont qu'apparemment et superficiellement distincts les uns des autres : leurs formes ne sont que des effets de surface masquant leur parenté essentielle, qui est d'être tous fils du chaos. C'est cette continuité fondamentale entre toutes les instances mondaines qui permet et explique le « devenir-intense, devenir-animal, devenir-imperceptible » présenté dans *Mille Plateaux*[1] comme une discipline de dissolution – et donc de libération – du moi.

Le concept de pli donne à voir cette continuité qui transcende les formes : les plis qui font formes ne sont séparés que par l'ombre de leurs interstices, petites vallées obscures qui les rythment comme des vagues et les relient dans le mouvement même de leurs inflexions. Les plis serpentent, liés obscurément l'un à l'autre, connectés comme les surgeons d'un même rhizome. Il suffit de tirer sur l'étoffe pour les défaire et les révéler comme les épiphénomènes d'une même texture. Il suffit que le fouet du vent s'arrête de claquer pour que les vagues cessent de montrer leurs mâchoires écumantes, s'amollissent et se couchent comme des chiens, frémissements d'une même chair clapotante.

3. *Rhizome et Internet : modernité du concept de pli*

3.1. Il y a une dimension de la modernité qui a besoin de la philosophie deleuzienne comme herméneutique. C'est la dimension de l'innombrable, des mégalopoles grouillantes, des flux de marchandises, des hommes qui tournoient entre les

1. *Mille Plateaux*, p. 284 sqq.

rayons des supermarchés et sur les nœuds autoroutiers: l'impression ineffable d'une ville la nuit, avec ses myriades de points lumineux qui ondulent, virevoltent, s'allongent dans la traînée des phares, et les vibrations de l'obscurité, magma agité de quantas insaisissables. Multiplicité incarnée, plis de vies, nodosités labiles d'énergie et de matière.

Mais il y a plus encore, plus moderne et plus radicalement deleuzien: c'est le phénomène puissant de l'Internet, avec sa matière immatérielle faite d'électrons qui courent avec la lumière et s'agglutinent sous leurs tentes de silicone, et ses myriades de connexions nomades, multidirectionnelles et non-localisables. Internet comme océan immatériel où se nouent des images sans substance, plissements transitoires de visibilité qui se nouent et se dénouent au gré de la volonté des acteurs du réseau.

Rappelez-vous son histoire: en 1957, le ministère américain de la défense crée l'agence pour les projets de recherche avancée (ARPA, *Advanced Research Project Agency*). Cette structure a pour but de soutenir les développements techniques pouvant être utilisés à des fins militaires. C'est dans ce cadre que Paul Baran réalise en 1962, à la demande de l'US Air Force, une étude sur les systèmes de communication militaire mettant en exergue les avantages d'un réseau informatique décentralisé à structure maillée. Un tel réseau présente en effet l'avantage de ne pas avoir de «point névralgique» et de ne pas voir sa survie menacée en cas de destruction partielle. C'est de cette structure «surcodante» par excellence qu'est l'armée américaine que naît le réseau Arpanet, dont Internet est en quelque sorte un sous-produit «civil»[1].

Fils d'une structure totalisante, Internet est toutefois un enfant perverti devenu, par une étrange mutation, un lieu intrinsèquement rétif à tout pouvoir comme à toute organisation

1. En 1983, Arpanet est subdivisé en deux sous-réseaux dénommés Arpanet et Milnet, ce dernier étant recentré sur la fonction d'information militaire et étant rattaché au Defense Data Network. Arpanet devient alors la base du réseau Internet à vocation «civile» aux Etats-Unis. En 1990, Arpanet est intégré dans le National Science Foundation Network (NSFNet) et deviendra sous cette forme l'épine dorsale d'Internet jusqu'en 1995. A cette date, le NSFNet est remplacé par un ensemble de grands réseaux interconnectés (cf. Arnaud DUFOUR, *Internet*, PUF, 1995, p. 29).

« arborescente ». Il s'agit en effet du rhizome effectif par excellence, l'incarnation pratique du concept de multiplicité plate, c'est-à-dire la traduction concrète de l'idée de pli. La compréhension profonde de son état actuel et de son développement nous paraissent dès lors tributaires d'une approche deleuzienne, dont on se rappellera que les concepts sont précisément élaborés en vue d'une mise en œuvre pratique.

3.2. On connaît dans les grandes lignes le fonctionnement actuel d'Internet: il s'agit d'un réseau (ou plus exactement d'un « réseau de réseaux ») qui relie entre eux des ordinateurs situés dans le monde entier. Du point de vue de ses composants matériels (*hardware* et *software*), Internet comprend des « nœuds » informatiques qui traitent ou véhiculent l'information (ordinateurs, routeurs, passerelles etc. et les logiciels qu'ils utilisent) et des « liens » qui relient ces « nœuds » (câbles téléphoniques en cuivre, fibres optiques, ondes radio, liaisons satellites etc.). Du point de vue de ses « composants humains » (*manware*), Internet met en jeu des « serveurs » (qui offrent des services, et notamment de l'information) et des « clients » (qui utilisent les services offerts), étant toutefois entendu qu'une même personne peut à la fois « mettre » de l'information sur le réseau et en « prendre », de telle sorte que la distinction « client-serveur » est floue et permutable.

Les *nœuds* et les *liens* qui constituent la matérialité d'Internet forment un espace « multidirectionnel » à structure sérielle ou rhizomatique: la croissance du réseau se fait par ses extrémités, celles-ci étant partout à la fois, de telle sorte que le réseau s'étend de manière anarchique et linéaire. Quelque part, une ligne téléphonique laisse bourgeonner une nouvelle connexion, sans projet d'extension préalable: la croissance ne suit aucun plan d'arborescence, aucun projet, aucune autorité. Chacun est libre (sous réserve d'avoir à sa disposition les moyens économiques et techniques nécessaires) de se connecter, d'activer sa connexion et d'entrer en contact avec n'importe qui, sans qu'aucun obstacle d'espace, de sexe, de race ou de statut social ne vienne en principe s'interposer[1].

1. Bien entendu, cette absence d'obstacle suppose que l'on ait franchi le premier obstacle économique et technique de la connexion et de l'achat du matériel nécessaire. L'absence d'obstacles n'est donc réelle qu'à un second degré, c'est-à-dire

La toile du réseau répond ainsi au *principe de connexion et d'hétérogénéité* du rhizome ou de la série comme au *principe de rupture asignifiante*: par l'acquisition d'un accès à Internet, n'importe quel terminal peut être connecté à n'importe quel autre, et le sera nécessairement. De la même manière, tout membre du réseau peut s'adjoindre ou se retrancher à tout moment. La structure rhizomatique de celui-ci agglomère en permanence l'hétérogène à l'hétérogène, l'ouvrier texan à l'intellectuel portugais, l'étudiante japonaise au commerçant indien. Connexion par contagion sans conditions d'accès autre que l'outil lui-même, propagation linéaire sans pouvoir central ni structure prédéterminante. On dit à cet égard qu'Internet est «*nonproprietary*», ce qui signifie qu'il n'est pas la propriété d'un organisme, d'une société commerciale ou d'un gouvernement, de même qu'il n'est pas géré de manière centralisée et ne connaît ni police ni contraintes inhérentes (hormis celle résultant de l'utilisation d'un même langage de communication)[1].

Sans pouvoir ni loi uniforme, Internet est aussi appelé le *cyberespace*, selon le terme forgé par William Gibson dans son roman *Neuromancien* pour désigner un espace abstrait et pourtant réel, pseudo-espace parfaitement *adirectionnel* (ou infiniment multidirectionnel) à l'image de l'espace lisse célébré par Deleuze. Ce dernier explique en effet que l'espace occupé par les singularités intensives est un *plan de consistance ou de composition*, une étendue sans repères, sans routes et sans carte possible: espace neutre, lisse, où les rhizomes se forment de manière aléatoire, connectant les singularités au gré du hasard ou de la volonté créatrice.

Le modèle spatial deleuzien apparaît dès lors comme un *cyberespace*, c'est-à-dire un espace où les points de rencontre, de branchement et de communication ne sont pas prédéter-

une fois le «branchement» réalisé. Par ailleurs, on notera que le *basic English* qui sert le plus souvent de langue véhiculaire n'est pas non plus un véritable obstacle, même si l'on peut soutenir qu'il opère parfois une certaine sélection et donne un léger avantage aux *native speakers*.

1. «The Internet is an open architecture; indeed, that is all it is. Many people are surprised to find out that the Internet is not an entity. There is no chief executive officer of the Internet, nor any board of directors nor any central network administrative apparatus (...) In other words, it is nonproprietary», Henry H. PERRITT, *Law and the information superhighway*, John Wiley & Sons, 1996, p. 13.

minés : c'est « un espace ouvert où les choses-flux se distribuent, au lieu de distribuer un espace fermé pour des choses linéaires et solides. C'est la différence entre un espace lisse (vectoriel, projectif ou topologique) et un espace strié (métrique) »[1]. L'espace lisse « est un champ sans conduits ni canaux »[2], c'est-à-dire un espace nomade où les multiplicités rhizomatiques se distribuent sans « compter » ni « spéculer ». C'est le lieu de l'aléa et du mouvant, par opposition à l'espace sédentaire et strié, où les connexions et les localisations sont prédéterminées par une structure.

L'espace sédentaire est en effet un espace euclidien où des individuations se distribuent de manière ordonnée, créant ainsi des distances mesurables et des directions quantifiables (des angles, des vecteurs, des arborescences). Cet espace peut être maîtrisé et cartographié, c'est-à-dire représenté (vu du dehors et totalisé sous le regard qui le saisit).

L'espace lisse ou nomade présente les caractéristiques inverses, que nous résumerons par les trois axiomes suivants : 1) c'est un espace dont il n'existe pas de plan *a priori*, en ce sens qu'il ne se constitue pas selon un projet mais s'accroît spontanément de manière aléatoire (structure en rhizome) ; 2) Construit par contagion spontanée, c'est aussi un espace sans repères ni chemins, c'est-à-dire sans lois orientant les mouvements et les connexions ; 3) Etant sans plan ni repères, il ne peut être totalisé, c'est-à-dire représenté : vu à distance, il n'est qu'un chaos ineffable.

Le cyberespace caractéristique d'Internet répond manifestement aux axiomes de l'espace lisse :

– C'est un espace qui ne se construit pas en fonction d'une carte préétablie, mais au contraire croît de manière anarchique au rythme des nouveaux branchements : nouveaux serveurs, nouveaux services, nouveaux clients, sans que quiconque puisse prédire qui se connectera au système pour y faire quoi. « Faites rhizome, mais vous ne savez pas avec quoi vous pouvez

1. *Mille Plateaux*, p. 447. On remarquera que Deleuze emprunte indirectement la notion d'espace lisse à Pierre Boulez qui avait défini en des termes semblables le temps lisse (ou temps a-morphe) et le temps strié dans *Penser la musique aujourd'hui*, Gonthier, 1963, not. p. 100 et 107. Cf. également M. BUYDENS, *op. cit.*, p. 147 sqq.

2. *Mille Plateaux*, p. 459.

faire rhizome, quelle tige souterraine va faire effectivement rhizome, ou faire devenir, faire population dans votre désert»[1].

– C'est un espace sans loi ni pouvoir extrinsèques: personne ne dirige Internet et personne ne le possède[2]. Seule la multitude parle à la multitude dans le respect des standards de communication[3] et de cette morale minimale et provisoire qu'on appelle «netiquette». Les tentatives de l'administration Clinton pour régenter les phénomènes de cryptage tout comme les tentatives de Microsoft pour imposer ses propres standards donnent lieu à de régulières levées de boucliers.

– Sans surcodage ni centre de régulation, le cyberespace se définit comme régi par le principe d'*intrinsécité*: il ne peut être cartographié, recensé ni dénombré. Toute tentative pour le saisir en surplomb et en fournir une représentation échoue dans les sables mouvants de sa ductilité: on ne peut répertorier l'innombrable ni cartographier les vagues de l'océan. Cela va de soi dès lors que l'on sait qu'Internet est une multiplicité, c'est-à-dire une structure *plate* et *sérielle*, un rhizome mouvant ou une myriade de plis électriques.

Le réseau se définit donc comme une multiplicité au sens deleuzien, c'est-à-dire un agrégat de singularités mouvantes déterminé seulement par l'agencement et les relations entre ses éléments. Ses agents, «clients» et «serveurs» regroupés sous le vocable de *manware* ou *peopleware*, sont ou peuvent être successivement actifs et passifs, c'est-à-dire récepteurs et fournisseurs d'informations et de services[4]. Ils n'ont donc pas substantiellement de fonction prédéterminée sur le réseau et

1. *Mille Plateaux*, p. 307.

2. Il existe certes des organismes non-gouvernementaux, essentiellement américains, qui réfléchissent et tentent de gérer certains phénomènes propres à Internet, telle l'attribution des *domain names* dont s'occupe *Network Solutions Inc.* (NSI), la lutte contre les atteintes aux droits de propriété intellectuelles commises via Internet dont s'occupe la *Intellectual Property Licensing Agency*, sans oublier l'*Internet Society* (ISOC) qui s'occupe plus spécifiquement des problèmes techniques. Aucune de ces organisations ne dispose cependant de «droits» particuliers sur Internet et aucune d'entre elles n'a de pouvoir autre que ceux que lui reconnaissent spontanément ceux qui y adhèrent.

3. La «langue» utilisée pour communiquer s'appelle TCP/IP (Transmission Control Protocol/Internet Protocol).

4. En pratique, les utilisateurs sont souvent reliés à Internet par l'intermédiaire d'un «fournisseur d'accès». En Belgique, il s'agit par exemple de Belnet, Eunet, INnet. Les fournisseurs d'accès les plus connus sont américains: il s'agit de CompuServe et America On-Line ...

celui-ci apparaît *in fine* comme le contraire d'une forme ou d'une institution.

Mais il y a plus fondamental encore: les participants à Internet, par exemple dans le cadre d'un Users Group, n'ont pas d'autre visage que ceux qu'ils se créent eux-mêmes, et ainsi pas de «moi» assignable. C'est la dissolution du Visage comme identité dure et infranchissable: «on the Net, nobody knows you are a dog» ironisait une caricature du *New Yorker*. L'être réel devient une entraille inaccessible, enfouie sous la soie blanche de l'écran: seule existe l'image pure, la ligne d'écriture ou le mille-feuilles de pixels que j'envoie au monde et dont je suis le seigneur et maître. Peu importe ma puissance, ma richesse, ma race, mon sexe et mes faiblesses: le réseau me prend et me reconnaît non comme je suis, mais comme mon désir me donne. Dans le cyberespace, mon visage et mon âme doivent sortir par mes doigts, devenir extériorité pure, surface lumineuse qui se donne à voir: le monde vrai n'y est qu'un hypothétique noumène et, d'une manière que n'aurait pas reniée Balthasar Gracian, je n'ai guère de substance au-delà de mon apparence.

Aussi Internet est-il comme cet océan transcendantal où les volontés vagabondes nouent des images évanescentes: c'est le lieu des visages qui produisent la ressemblance non pas avec l'être réel de leur créateur, mais avec la configuration temporaire de son désir. C'est une image qui peut être fausse si on la compare avec ce qu'elle veut représenter (mon corps, mon âme, mon statut social etc.), mais elle puise toutefois une authenticité particulière dans son adéquation à la volonté de celui qui la construit. Curieux portrait que celui qui ne représente que mon désir en acte.

Aussi l'image sur Internet peut-elle être vue comme une multiplicité: elle est sans substance (sans forme donnée *a priori*), pure articulation arbitraire des pixels préindividuels présents sur l'écran, qui peut être faite et défaite par quelques mouvements de mes doigts. Elle manifeste et traduit dans le champ de l'expérience cette indexation négative, cette secondarité ontologique qui est celle de la forme dans la pensée deleuzienne.

Il y a donc une perception deleuzienne d'Internet comme *lieu de dissolution du moi*, pour autant que je m'y donne un être changeant et multiple, c'est-à-dire que j'utilise la liberté offerte pour me perdre sans cesse dans un devenir-imperceptible : il ne s'agit donc pas en fin de compte de me présenter comme *un autre* (ce qui serait remplacer un moi par un moi), mais, au travers des visages changeants, comme un « superjet », c'est-à-dire un point de vue provisoire sur le monde et une sinueuse déclinaison d'affects.

Mais il résulte aussitôt de ce qui précède qu'il existe aussi une perception et une utilisation formaliste (et donc non-deleuzienne) d'Internet, et qui consiste à remplacer mon visage « naturel » par un visage « artificiel » tout aussi « dur » et clos que le premier. Divin plaisir d'Arlequin : poudre de riz ou pixel, on reste alors dans le domaine de la *métamorphose* (voyage au travers des formes) et non dans celui de l'*anamorphose* (dépassement de la forme vers l'intensité aformelle). Dans cet usage du réseau, le moi ne se dissout pas et la déclinaison des visages n'est pas recherchée pour elle-même, c'est-à-dire pour son pouvoir (prétendûment) libérateur. Le but du jeu est alors d'ajouter des masques, et donc d'empiler les déterminations liées à ceux-ci : assumer tour à tour toutes les contraintes d'être femme, riche, noir, minoritaire, mercenaire. Accumuler les visages, jouir des pressions variables qu'exercent leurs contraintes, et ainsi trouver son style, le souffle particulier qui me fait être une seule image à travers tous les profils construits. Pure jouissance formelle d'une métamorphose où l'acteur découvre son être au travers d'une déclinaison d'images, et qui découvre finalement qu'il n'est lui-même rien d'autre que cette collection de formes, c'est-à-dire un certain paysage.

Dans cette double lecture de l'image de soi sur Internet (pli évanescent d'un moi recherchant sa dissolution ou empilement systématique des visages d'un moi jouissant de lui-même) se révèle une fois encore l'éternelle ambiguïté de l'image, que l'on peut poser comme proie à dévorer ou que l'on peut au contraire tourner sur elle-même, à la manière des maniéristes renvoyant tout *disegno esterno* à un *disegno interno* (de telle sorte qu'on ne quitte pas le domaine de la forme).

Mireille BUYDENS
Université Catholique de Louvain

DE L'IMAGE DE LA PENSÉE À LA PENSÉE SANS IMAGE

Le thème

« L'image de la pensée » est un thème d'affirmation deleuzien, de combat même, surtout si l'on veut bien prendre garde que la lutte ne peut être première dans l'intention, mais apparaître comme une conséquence de l'affirmation initiale... advienne que pourra ; à moins que ce soit cette affirmativité que justement on nomme un « esprit belliqueux », toujours en quête de querelles du fait de s'affirmer... Quoi qu'il en soit dès *Différence et Répétition* « l'image de la pensée » est présentée comme dotée d'un coefficient négatif particulièrement lourd à l'encontre de la quasi-totalité de l'histoire de la philosophie. Il ne s'agit pas simplement des divers *contenus* de cette image mais de sa *forme* même ; quand la pensée se déploie en se soutenant d'une image tout se passe comme si elle s'assujettissait, se mettait en dépendance d'autre chose que d'elle-même, de ce qui rend possible une image justement : ce dont elle est l'image ; c'est là un autre nom de la dénonciation hégélienne et post-hégélienne de la « représentation » : du fait qu'une image, comme la représentation, nous éloigne bien plus de la chose même qu'elle ne nous la donne, ce qui est pourtant son intention... Image grevée du matériau même de son ambition, du corps de support qui en mobilise la manifestation. Car n'est pas impunément mis en images ce dont il s'agit quand il est question de la Chose même. C'est que l'image *suppose* la Chose même précisément. Le génitif « d'image *de* la pensée » est objectif autant que subjectif. C'est l'image prise de la pensée en tant que manière d'appréhender le travail ne cessant de se dérober derrière les objets de sa production : ce à travers quoi elle tente de se saisir comme effet réflexif de soi, sa perte aussi bien puisqu'elle ne peut atteindre son être qu'à travers sa déterminabilité temporelle, autant dire à travers le temps qui ne cesse dans sa matière ontologique de se faire autre, – devenir-fou dit Platon. L'image *de* la pensée constitue dès lors la tentative d'endiguer et de se donner la stabilité de l'objet qu'elle vise, en lui-même toujours menacé de subir les effets désastreux de l'inéluctable désagrégation du temps. La pensée telle qu'en elle-même l'image l'éternise, avec ses droits et ses devoirs, ses pouvoirs et ses limites... Non pas une détermination précise mais une structure mentale, une série de présuppositions constellant l'esprit et lui servant de filtre ou de barrage à l'endroit du monde dans l'appréhension qu'il en opère, qu'il ne peut qu'en opérer, l'infléchissant dans un système d'*a priori* précédant toute appréhension effective: d'emblée les *présupposés* contre l'*effectivité*.

Deux angles d'attaque dans la dénonciation de l'image de la pensée: d'une part la mise au jour du crible des *a priori* de pré-compréhension du monde avec ce qu'ils impliquent dès lors de perte d'*effectivité*; il s'agit d'une attaque qui signifie dessiller la pensée des inflexions qui préjugent de ce qu'elle doit penser, et en faire surgir toutes les composantes qui, cessant d'être implicites et opératoires, révèlent en conséquence la relativité et l'arbitraire de leurs produits. Mais d'autre part, simultanément à ce travail au corps même de l'adversaire, ou mieux encore, préalablement à celui-ci, l'autre angle se dessine de ce que peut signifier l'au-delà, immanent cependant à la pensée, de toute image de la pensée. Toutes les images tombent sous le coup de la dénonciation formelle s'attaquant à l'image bien qu'en même temps chacune détienne la spécificité du système qui l'exploite et en cela entre en confrontation avec les spécificités propres à d'autres systèmes d'images philosophiques. Mais si toutes sont mises dans le même sac c'est qu'elles pèchent par le même défaut formel qui ne pourra être révélé à la philosophie et par la philosophie qu'à partir de l'au-delà de toute image. Ce que Deleuze, toujours dans *Différence et Répétition*, nomme une « pensée sans image ». Difficile en effet de penser une critique de toute *image de la pensée* si déjà n'est présent à l'esprit l'enjeu et la possibilité d'une *pensée sans image.*

Mais je disais que le génitif objectif était également subjectif. Car il doit être clair que ce qui se pense de la pensée sous forme d'image d'elle-même, est aussi bien le sujet de cette image que l'objet que l'image pense prendre de soi réflexivement. La question étant dès lors de savoir pourquoi la pensée elle-même prend possession de soi par la voie de l'image si peut être établi qu'il existe une *pensée sans image,* une pensée en prise directe sur les choses, en tout cas selon la seule rectitude qui lui appartienne en tant qu'elle-même appartient au monde et en constitue un mode déterminé, totalement dépendant de lui. En fait c'est la liberté s'attachant à la pensée que de pouvoir s'exercer en se niant ou au contraire en se voulant comme telle; ce qui répond au souci alternatif, selon toute vraisemblance, soit d'affronter lucidement sa contingence ou de tenter de s'en absoudre. Rien d'étonnant que la pensée puisse se charger de soi ou se nier.

Mais avant de tenter de cerner les traits d'une pensée *sans image*, celle de la philosophie à l'état pur, observons la double subversion qui s'ensuit au cœur même de la philosophie à la fois au regard de son mouvement d'aliénation à une image de soi et au regard du mouvement inverse de redressement de cet assujettissement, comme dans une opération de libération de la liberté.

Formellement parlant, il suffit de penser la généralisation de l'image pour en terminer avec sa structure d'aliénation, c'est-à-dire de dépendance à l'égard de la chose même ou de sa vérité. L'image alors cesse d'être inférieure hiérarchiquement au concept et au plein droit qu'exerce celui-ci sur la vérité: la vérité n'est nulle part ailleurs que dans l'image... Ce qui requiert un changement d'appellation de l'image: elle doit cesser d'être l'image en représentation harmonieuse avec la vérité et en répulsion du simulacre trompeur, pour absorber en soi le tout de l'enjeu de vérité, à savoir pour devenir jeu incessant de phantasmes, ou phantasmatisation généralisée. *Si tout est image plus rien ne l'est*, reste le régime des phantasmes. Mais que reste-t-il du souci initial de vérité, né avec la philosophie? Aurait-on accompli l'orbe complète de celle-ci: d'elle-même à son terme, fin où, ayant rempli sa tâche de vérifier la pertinence et l'intérêt de son invention, pourrait alors cesser le chemin laborieux du long échafaudage historique et être restituée à une immédiateté *devenue*?

Pensée sans image ?

Reprenons les choses par la voie plus tranquille du concept lui-même. Il s'agit donc de «pensée sans image» à contre-pied des postulats de «l'image de la pensée». Si on abandonne les postulats il reste la pensée pure et sauvage. Dans *D.R.* est abandonnée la composante morale de ce qui s'imagine de la pensée, qu'elle aille de soi, qu'elle ait une destination naturelle, que ce n'est que contrainte et forcée par des accidents extérieurs qu'elle perd son orientation spontanée vers le vrai. S'ensuit derechef la violence de son innéisme si elle n'est plus naturellement bonne, pacifique et de soi bien orientée, «jeune chien fou faisant des bonds». Deleuze se plaît à citer Artaud: génitalité innée de la pensée, négatif chenil, chiennes d'impossibilité, à dresser, à violenter: l'innéité n'est plus dite des idées mais de la génitalité, c'est-à-dire de l'auto-engendrement que la pensée a à générer, «créer 'penser' dans la pensée» dit Deleuze, inventer le fonctionnement de l'esprit selon ce qui s'en dirige comme enchaînements proprement conceptuels.

En parlant d'*image de la pensée* Deleuze n'obtempère-t-il pas à la division platonicienne classique entre la «Chose même» et l'image, le modèle et le simulacre? Et n'est-ce pas la constatation de cette adhésion intempestive qui dans *Qu'est-ce que la philosophie ?* le fait abandonner l'utopie ou l'idéalisme d'une «pensée sans image» pour ne plus parler que «d'image *moderne* de la pensée»? Serait-ce qu'on ne peut échapper aux effets imageants de toute réflexion de la pensée sur elle-même? Certes la critique de l'image dans *D.R.* s'appuyait sur les *présupposés* des composantes de la pensée: que la pensée en tant que raison soit la chose du monde la mieux partagée pour Descartes, ou, pour Hegel, que la *doxa* soit à ce point de bonne volonté, immergée dans la pensée comme dans son bain naturel, qu'elle serait d'emblée prête à entendre la critique du philosophe, quand ce ne serait pas elle-même qui, spontanément, se critiquerait face aux confusions de ses croyances, et finalement que la vérité soit la téléologie naturelle et spontanée de la pensée: de l'opinion à l'opinion droite et de celle-ci à l'Essence, selon la trajectoire canonique de Platon. S'ensuit une série de conséquences, toutes concourant à confirmer la même image de soi de la pensée. Ces présupposés traînent comme casseroles attachées au train de la philosophie, quoi qu'elle veuille, et pour se vouloir philosophie justement. Ces composantes implicites mais structurées comme un destin semblent définir la légitimité la plus intrinsèque de la philosophie. En lever l'implicite semblait devoir être l'opération requise à la mise au jour de la nature propre de la pensée... qui est de n'avoir point d'implicite. Mais ce rêve restait encore dépendant de ce dont il pensait se déprendre : un saut sur place espérant échapper à toute ombre de soi, à tout corps du logos. Fécond comme orientation de la pensée mais irréel dans sa présomption. Le coup de force libérateur est-il concevable comme philosophique, ou ne serait-il pas plutôt para- ou pré-philosophique ?

L'ambition de Différence et Répétition *quant à la pensée sans image*

Que nous dit Deleuze de cette conquête de la *pensée sans image* dans *D.R.* ? Qu'elle sera une révolution comme l'art abstrait par rapport à l'art figuratif ou représentatif, art qui abandonne l'assujettissement de la peinture à l'objet extérieur pour se conquérir en et par elle-même : espace, couleur, forme, facture, intensité, matériau, bref ce qui fait la peinture *être* peinture, la teneur matérielle de son existence. Qu'est-ce qui fait de son côté l'*être* de la pensée ? C'est l'étape de conquête. Il faut commencer par sa création, la dure épreuve de son avènement, les douleurs de sa gésine. Borges dans *Les Ruines circulaires* parle d'un homme qui rêve de créer un homme. Mais même dans son rêve il n'y arrive qu'en pactisant avec les dieux et en acceptant anticipativement l'autonomie et l'émancipation de sa création dès atteint l'âge adulte ; aussitôt dit aussitôt fait : il crée un homme et s'en sépare à l'âge requis... et découvre rapidement à l'occasion d'un incendie l'immatérialité ignifuge de sa création, signe de son inexistence, et de lui-même dans le même mouvement, apprenant par là qu'il est le produit d'un rêve effectué par un autre ayant semblablement pactisé avec les dieux... L'homme ne va pas de soi. La pensée non plus, peut-être même ne reviendra-t-elle jamais de cette découverte. Nietzsche parlait de l'accession au statut d'humain en termes de marquages et de tortures : comment se faire une mémoire? par des inscriptions douloureuses à même le corps. Et Artaud en appelait au fouet contre le «chenil d'impossibilité» de ses pensées. Pour Hegel la conscience accède à la conscience de soi par la lutte à mort, loin des pastorales de la bonne nature de la pensée. Schelling parle de la violence rotatoire des pulsions pré-symboliques dont toute «concentration» proprement existentielle portera la trace. L'œuvre d'art de même pour ce dernier sera traversée par cette violence en son cœur. Non pas comme chez Hegel à titre d'«apparition sensible de l'Idée» mais d'«apparition sensible d'une *perturbation* de l'Idée»[1]. C'est la surrection de la pensée au regard du chaos dont elle est *forcément* issue: non pas tombée du ciel, mais montée des profondeurs chthoniennes. Profondeurs déniées aussitôt qu'advenues à l'image édifiante et triomphante de l'affirmation. Deleuze a des accents existentiels pour parler de la fragilité et de la précarité de la pensée, de ses idées: «Nous demandons seulement un peu d'ordre pour nous protéger du chaos. Rien de plus douloureux, plus angoissant qu'une pensée qui s'échappe à elle-même, des idées qui fuient, qui disparaissent à peine ébauchées, déjà rongées par l'oubli ou précipitées dans ce que nous ne maîtrisons pas davantage... Nous perdons sans cesse nos idées»[2]. Certes chez Sartre c'est à propos de toute expérience qu'il peut en être ainsi, surrection de *tonalités affectives* à l'instar des *Stimmungen*, telle l'angoisse, mentionnées chez Heidegger comme recul en totalité du monde et distanciation problématisante de l'être-là humain. Mais toute expérience existentielle est éclairée de son «idée» peut-on aussi bien dire, c'est-à-dire de son projet, synthèse visée d'en-soi-pour-soi ou fin anticipée, et l'«Idée» chez Deleuze est loin de n'avoir que la noblesse des intérêts supérieurs de la Raison comme c'est le cas avec le Monde, l'Ame ou Dieu, mais bien au contraire se présente comme le fourmillement de tout ce qui surgit dans la fêlure de la conscience, sur les bords sans cesse emportés de sa temporalité insatiable: les fourmis en contre-courant inexorable de celui de la surface plane et stable, illusion d'un ralentissement de son

1. Cf. ZIZEK, *Essai sur Schelling*, L'Harmattan, p. 33.
2. *Qu'est-ce que la phiosophie ?*, p. 189.

cours roulant, la fausse stabilité relative nécessaire à conjurer l'absolue instabilité... filet d'eau primitif coulant et murmurant, suivant son cours, sa vitesse et sa temporalité propre, à son propre rythme nécessaire, « remplissant son rôle lilliputien comme une procession de fourmis entre des rails sur lesquels roule un train express dont elles (les fourmis) ne soupçonnent pas plus la puissance furieuse que s'il s'agissait d'un cyclone qui balaierait Saturne » (Faulkner, *Les Palmiers sauvages*). Tout est Idée comme tout est projet, et aussi précarisé que ceux-ci, et tout pareillement nécessaire. De quoi alimenter un stoïcisme de l'inéluctable du cours des choses en même temps que de l'irrédentisme de l'action, l'une allant avec l'autre, aussi nécessaire qu'impossible, incoercible que vaine, autant anti-chaotique que condamnée à retomber dans le chaos. Serait-ce là la destinée de la révolution d'une *pensée sans image* ? Se jeter délibérément dans les *Idées* incessamment requises par l'épreuve que constitue le fait *de n'en posséder aucune* ou de les voir toutes sans cesse emportées dans le flux du temps de la conscience, aussi bien son inconscient[1] ; ce qui deviendra confrontation au chaos dans *Qu'est-ce que la Philosophie ?*

La peinture « abstraite » a peut-être produit les plus grands chefs-d'œuvre de la peinture du XXe siècle. Mais peut-elle pour autant s'imposer comme le *savoir absolu* de la peinture, comme son avènement enfin conscient de soi ? Et dans l'affirmative ce serait au sens où la fin de la pré-histoire chez Marx, est le début à proprement parler de l'Histoire. Non la clôture condamnant à la seule répétition vide, mais la mise à disposition des créateurs des matériaux d'une authentique création. Serait-ce que les moyens subordonnés jusque-là à *l'image de la peinture* conquièrent leur émancipation et deviennent à eux-mêmes leur propre fin ? Certes certains courants post-abstraits s'emparent de cette nouvelle possibilité pour en faire la thèse même de leur production. Supports, surface, mur, espace, lumière, rebuts, déchets, paysage, emballage, etc., tout l'environnement contextuel bénéficie de la promotion démiurgique de l'artiste, celui qui se dit tel... avec montée au « concept » de l'acte

1. « *Génitalité* de penser, profonde fêlure du Je qui le conduit à ne penser qu'en pensant sa propre passion et même sa propre mort dans la forme pure et vide du temps » (*D.R.*, p. 342).

créateur. Une fois de plus la philosophie comme la vérité de l'art ? Mais si ces courants existent effectivement et concourent, jusqu'à un certain point, à définir l'art tel qu'il se fait, il faut, plutôt que suivre les diverses agitations post-abstractives, examiner les possibilités recelées par l'abstrait lui-même et mesurer en quoi plutôt que de se renverser de moyens en fin, les composantes de l'abstraction, c'est-à-dire de la peinture elle-même, loin de n'avoir été que des moyens dans l'image classique de la peinture, constituaient déjà sa fin, comme dans toute philosophie relevant de l'image classique de la pensée était déjà à l'œuvre la pensée préalable à toute image d'elle-même qu'elle se pouvait proposer.

Car à reprendre les quatre causes aristotéliciennes qui plaçaient sous leur autorité respective les différents systèmes philosophiques (le *Noûs* d'Anaxagore pour la cause efficiente, les physiciens pour la cause matérielle, Pythagore ou Platon pour la cause formelle, et Aristote lui-même pour la cause finale), on voit que la peinture abstraite semblant présider à la promotion de la causalité matérielle est en fait en mesure d'assumer dans cette dimension les trois autres causes.

C'est en effet d'agencer, selon un hasard gouverné, l'ensemble des composantes de la peinture (multiples séries en développement autonome – couleurs, formes, lignes, nuances, dimension, etc., – se rencontrant dans l'aléa de leur distribution développée et produisant un effet inédit) que s'institue proprement la création (du neuf) : à la fois *ce qui* s'en dégage de tracements inédits (concept ou cause formelle), *ce en vue de quoi* ce tracement est désormais en mesure de s'imposer (peuple à venir ou cause finale), les aimantations que les rapprochements de tracements induisent comme gestes que l'artiste a à soutenir pour voir se mener à son terme l'œuvre (figure esthétique et personnage conceptuel comme cause efficiente) et enfin les matériaux convoqués à cet effet (plan de composition ou cause matérielle).

Pareillement toute appréhension ou perception a son Idée problématique sans laquelle elle resterait aveuglément stupéfiée sur elle-même – ce que Kant dit fortement lorsqu'il avance d'entrée de jeu dans la dialectique de la raison morale « toute raison a toujours sa dialectique»[1]. Toute appréhension a son Idée en ligne directe *en tant qu'enjeu d'une pensée sans image*, et dont la texture à l'instar de la peinture abstraite serait le tout de la pensée. A ce titre, à la différence de Kant, ces idées problématiques ne sont nulle part ailleurs que dans ce qu'en détermine, derechef et simultanément, les matériaux sollicités dans l'appréhension en question, produisant enfin tel ou tel effet. C'est être au niveau de cette surrection qui semble l'enjeu de la *pensée sans image* de *D.R.*, c'est-à-dire échapper aux illusions de *l'image de la pensée* qui en oblitèrent l'agissement.

Le problème

Faut-il monter à ce niveau ontologique pour comprendre la *pensée sans image* que revendique Deleuze? Ce niveau de «raison suffisante» dont les Idées problématiques (les fourmis) sont la synthèse en trois dimensions conjointes: l'indéterminé, le déterminable et la détermination? A tout instant il y a toujours de l'Idée en l'air ou à l'ordre du jour de l'existence, la pensée sans cesse en état d'alerte, sur le pied de guerre, surtout aux aguets face au danger de se laisser gagner par les forces lénifiantes de l'aller de soi des Idées et de la pensée, le rebelle chenil toujours à fouetter. C'est là la phénoménologie de la pensée dont à son tour l'élucidation des trois aspects de l'Idée nous fournit «la raison suffisante», la rationalité immanente, l'opérateur intrinsèque et homogène, ce que Deleuze appelle «la synthèse idéelle de la différence»: comment concevoir transcendantalement la «différence» pure. Mais cette raison suffisante elle-même doit bien trouver la théorie de l'être qui lui convienne, peut-on dire l'intelligence de son individuation? Quant au système de cette ontologie, l'ordre des références de Deleuze est multiple. Soit le virtuel de Bergson, soit l'*Ungrund* de Schelling, soit l'univocité scottienne et spinozienne, encore Whitehead; ce sera en tout cas ce qu'il appelle «la synthèse asymétrique du sensible». Cela se situe entre la violence de l'éruption quasi volcanique qui préside à la montée de la

1. *Critique de la raison pratique*, Livre *deuxième* «Dialectique», Pléiade, t. II, p. 738.

pensée à l'exercice transcendant de soi[1] et la placide univocité de tout ce qui est comme «ce qui fait cas» d'attestation de l'Un-Tout – l'étonnante phrase de Deleuze et Guattari: «Il importe peu d'avoir bien dit ou d'avoir été convaincant, puisque de toute manière c'est ça maintenant»[2], – le battement en potentiels asymétriques de la pensée et de l'être. La pensée avec l'être allée, une seule et même chose être et penser[3]...

Est-il possible de jouer sur les deux tableaux à la fois? En appeler à la pureté de la *pensée sans image* contre *l'image de la pensée* lénifiante et amollie dans la complaisance à sa propre bonté, autrement dit recourir à la sérénité univoque de *l'être en tant qu'être* contre toutes ses équivocités tourbillonnairement finalisées par l'éminence de la propre idéalité de son univocité, et, inversement, monter à cette appréhension ultime de la placidité de l'être par la guerre menée contre le simple usage doxique et empirique de la pensée et par l'attention portée à tout ce qui lui fait violence en imposant limite à cet usage, escomptant de la sorte l'obliger à se dépasser vers un plus haut pouvoir? De là sans doute la double audience de Deleuze apprécié pour ses micro-analyses, son souci expérimental au plus près de la genèse de l'expérience et de ce qui prend appui sur cette genèse souterraine pour bousculer la *doxa*, et à la fois respecté pour la double tradition transcendantale et ontologique qui scande depuis toujours le niveau ultime auquel il renvoie la philosophie pour en achever le sens. Mais c'est sans doute les deux niveaux qui se justifient mutuellement de l'appel par chacun à l'autre soit pour se fonder soit pour s'attester: progressivement «l'être en tant qu'être» *jusqu'à ce niveau infinitésimal*, et, régressivement, la genèse comme gestation univoque de l'être à lui-même ou l'Un-Tout en ce qu'il ne laisse rien hors de soi.

Passer de la phénoménologie éidétique de la *pensée sans image* à la raison suffisante du fonctionnement de cette pensée et en venir à l'éthique des grandeurs intensives comme

1. «La profondeur est comme la célèbre ligne géologique du N.-E. au S.-O., celle qui vient du cœur des choses, en diagonale, et qui répartit les volcans, pour réunir une sensibilité qui bouillonne à une pensée qui 'tonne en son cratère'» (*D.R.*, p. 296).

2. *Qu'est-ce que la Philosophie ?*, p. 8.

3. *Ibid.*, p. 41.

« affirmation » de la chute d'eau ou du vol en piqué de l'aigle[1], forme le Système de *la pensée sans image*. Voyons sur des cas de l'exposé historique deleuzien de *l'image de la pensée* comment peut se comprendre : et le rapport entre elles des composantes pures de la pensée agissant dans quelque image que ce soit de la pensée, et leur réduction à la matière d'un « champ de facteurs intensifs fluents » échappant à l'idéalité finalisée de la « bonne » *image de la pensée*.

*

* *

Deleuze fait un clivage net dans *D.R.* entre *l'image traditionnelle de la pensée* philosophique (toute la philosophie) et ce qu'il laisse entrevoir de *pensée sans image* sous le signe d'Artaud et Nietzsche, sinon de Spinoza. Par contre dans *Qu'est-ce que la philosophie ?* le critère exclusif qui faisait le partage entre *image de la pensée* et *pensée sans image*, à savoir le postulat de la dualité vérité/erreur, ne constitue plus qu'un cas parmi d'autres d'indice de détournement de la pensée à l'égard de son exercice pur, donc résultant toujours d'une violence subie. (Légitimé en haut-lieu par un Absolu transcendant échappant à la prise de la pensée et la mettant d'emblée en sujétion à l'Autre d'elle-même). Non plus la preuve paradigmatique du mauvais tournant de la pensée vers une image idéale de soi, mais une perversité parmi d'autres, peut être la première néanmoins, chronologiquement, dans la succession d'*images de la pensée* des *temps modernes*, et ce qui en reste dès lors d'agissement dans les images ultérieures qui prétendent la surmonter…

Histoire de l'image classique de la pensée

Ainsi nous trace-t-il les linéaments d'une histoire de la philosophie selon ce fil directeur dans *Qu'est-ce que la philosophie ?* : « Aucune image de la pensée ne peut se contenter de

1. « Il faut la puissance d'une cascade ou d'une chute profonde pour aller jusque-là, pour faire de la dégradation même une affirmation. Tout est vol de l'aigle, tout est surplomb, suspens et descente. Tout va de haut en bas, et, par ce mouvement affirme le plus bas – synthèse asymétrique » (*D.R.*, p. 302).

sélectionner des déterminations calmes, et toutes rencontrent quelque chose d'abominable en droit, soit l'erreur dans laquelle la pensée ne cesse de tomber, soit l'illusion dans laquelle elle ne cesse de tournoyer, soit la bêtise dans laquelle elle ne cesse de se vautrer, soit le délire dans lequel elle ne cesse de se détourner d'elle-même ou d'un dieu» (p. 54). Respectivement Descartes, Kant, Schelling, Hœlderlin. Comprendrons-nous le sens et la justification du passage de *l'image de la pensée* à la *pensée sans image* en élucidant la portée de cette succession, et en en mesurant l'éventuel progrès vers une conquête de la contemporanéité philosophique ? L'enjeu est de taille car pour l'instant nous sommes encore aimantés par le souci de comprendre une pensée *sans image*, soutenant le défi de sa possibilité jusqu'à son terme le plus avancé : le moment où la pensée cesse de s'imaginer, et telle qu'en elle-même elle se donne pure et nue ; attentive au moment où le discours philosophique cesse de parler au gré des seules composantes de ses images et au régime dichotomique du vrai et du faux, pour se restituer *à l'adéquation «authentique» de soi à soi en ce qu'elle est arrachement violent de la non-pensée à elle-même sous l'effet de l'agitation insupportable se produisant à son niveau et pour y riposter*, c'est-à-dire s'y adapter ou remédier à sa menace avec les éléments mêmes de l'épreuve qui lui est imposée[1]. Mais en même temps, cet effort tendu à l'extrême de sa possibilité : penser l'impensable sans y sombrer, se voit soudainement pris à contre-pied par l'abandon apparent du problème de la *pensée sans image* dans *Qu'est-ce que la philosophie ?* Cet abandon, implicite, se réalise, cette fois explicitement et paradoxalement, au profit du premier terme antérieur de l'opposition : «l'image de la pensée», simplement ponctuée de l'adjectif «moderne». En sorte qu'il faut dorénavant comprendre la nouvelle énumération comme celle menant de *l'image classique de la pensée* à son *image moderne* et non plus à la non-image à laquelle on devait s'attendre. Erreur, illusion, bêtise et délire nous mènent progressivement au seuil de l'image, cette fois «moderne», de la pensée. De nouveaux traits, affins à ceux pressentis pour la *pensée sans*

1. «Le penseur est le sujet larvaire du Système» (*D.R.*, p. 156 et 283).

image antérieure, viendront ponctuer les personnages conceptuels succédant à l'idiot cartésien: le juge kantien, l'encyclopédiste flaubertien, le délirant hœderlinien, de nouveaux scénarios pour des personnages conceptuels semblables, mais en vue d'une vocation unique.

Cette transformation est soutenue au niveau de l'être en totalité ou de l'Un-Tout par l'habilitation ou la promotion du plan d'immanence comme composante pré-philosophique de la philosophie, le pré-ontologique de toute philosophie, le préalable intuitif[1] du mouvement même de la pensée «qui se fait en se pensant»[2]; mouvement à vitesse infinie, dit Deleuze, en moins de temps qu'il ne faut pour le dire et qui définit le champ de pertinence d'intervention des concepts proprement dits, comme le plan de composition définit le champ d'intervention des composantes matérielles et finies du peintre. Le pré-philosophique *comme le plus philosophique de la philosophie explicite*, sa teneur empiriquement absente, c'est-à-dire textuellement invisible, non accessible par les voies courantes de la pensée mais selon le «mystère» d'une voie intuitive, à ce point intérieure et subjective qu'elle débouche sur le dehors et l'objectif: l'universel de tout dedans, l'extériorité du tout de l'intimité, «possibilité de l'impossible»[3] dit Deleuze. Difficile à penser: la façon dont la singularité absolue, par l'absolu justement, renvoie à l'être universel... Y a-t-il d'autre absoluité de la singularité que la propre déposition de soi? S'abandonner c'est conséquemment se rejoindre au tout de l'être, à l'Un-tout. L'image pré-philosophique pas plus qu'elle n'est un concept, puisqu'elle en constitue bien plutôt le préjudiciel, n'est non plus une image, car elle se présente *sous la condition de la pensée.* La pensée, et cela on le comprend aisément, elle non plus ne peut se réduire ni à un concept ni à une image: elle est ce qui rend possibles les déterminations par concepts et cela sous couvert des schèmes spatiaux-temporels que l'imagination

1. «Que toute philosophie dépende d'une intuition que ses concepts ne cessent de développer aux différences d'intensité près, cette grandiose perspective leibnizienne ou bergsonienne est fondée si l'on considère l'intuition comme l'enveloppement des mouvements infinis de pensée qui parcourent sans cesse un plan d'immanence» (*Qu'est-ce que la philosophie ?*, p. 42).

2. *Qu'est-ce que la philosophie ?*, p. 63.

3. *Qu'est-ce que la philosophie ?*, p. 59.

met à leur service. Par contre, à l'inverse de ce qui semblait dénoncé initialement, elle est maintenant susceptible d'une image de soi qui ne tombe pas derechef sous le coup de l'aliénation disqualifiée de toute réflexion *imaginaire* de soi. Autrement dit, le fait d'être copie ou représentation *de* ce qu'il en est de soi, ne l'assigne plus derechef au modèle idéal de sa destinée, par là à la géhenne de la Vérité. C'est que devant le risque d'une expansion pulvérulente et disséminante du mouvement infini de la pensée, celle-ci se conforte en opérant une instantanée mainmise sur l'être dont elle, la pensée, est équivalemment la réflexion objective ou subjective: la matière se rapportant à soi par la pensée (*noûs*) ou la pensée se réfléchissant par la médiation de l'être: être et pensée, une seule et même chose[1].

Mais ce champ d'intuition s'il est circonscrit n'en est pas moins vide *tant que son désert ne se peuple pas de concepts mobilisés eux-mêmes par les personnages conceptuels qui leur conviennent.* Il est donc déjà configuré mais reste désertique, la dissémination expansive s'est contractée et concentrée, mais de plans à plans le glissement est affolant s'il se laisse appréhender, non plus la pulvérulence disséminante elle-même mais l'entrechoquement de socles, toujours trop au fait de leurs bords limites pour ne pas être happés par le vide à même le bord des autres. Pour remédier à ce menaçant tournoiement sans fin *il faut* prendre racine, fixer des *contours* par les mouvements finis, de vitesse elle-même infinie, des concepts, bref précipiter des déterminations que Deleuze nomme «traits intensifs» – multiplicité chiffrée de composantes en relation vibratoire et perpétuel survol immanent et instantané de soi – et générer les personnages qui les animeront[2].

1. «C'est en ce sens [mouvement de vitesse infinie allant de la pensée à l'être et réciproquement] qu'on dit que penser et être sont une seule et même chose» (*Qu'est-ce que la philosophie?*, p. 41).

2. L'image, *sous condition de la pensée*, de la pensée ne sera donc rien d'autre que l'ensemble de tous les aller et retour de la pensée à l'être et réciproquement en tant que texture même de l'intuition enveloppant les mouvements infinis de soi; c'est elle «dont les *courbures* variables conservent les mouvements infinis qui reviennent sur soi dans l'échange incessant, mais aussi ne cesse d'en libérer d'autres qui se conservent. Alors il reste aux concepts à tracer les ordonnées intensives de ces mouvements infinis, comme des mouvements eux-mêmes finis qui forment à vitesse infinie des *contours* variables inscrits sur le plan. En opérant une coupe du chaos, *le*

Les différentes *images classiques de la pensée* reprennent sous la forme de «dimension négative de soi» ce qui unifiait sous l'autorité de «l'erreur» l'image traditionnelle de la pensée de *D.R.* Mais cette fois «l'erreur» est la dimension négative de la «vérité» telle que l'institue Descartes. Toutes ces dimensions auront, outre la fonction de repoussoir réflexif qui justifie chaque image (*la part négative* à ses yeux *de ce qu'elle tente de conjurer*), également l'inextricable appartenance à sa propre initiative d'affirmation de l'initiative inverse (*la part négative* d'elle-même *qui se trouve impliquée dans ce partage*). Ce sera à ce titre à chaque fois au plus haut niveau de son orientation vers la vérité que se dénoncera simultanément l'orientation possible vers son négatif.

Erreur

L'«erreur», en l'occurrence, chez Descartes, qui relève de la raison dans sa double composante libre et intellectuelle. Celle-ci en effet reste la proie funeste et aléatoire de «précipitations» pervertissantes de la vérité (confusion de l'intellection de la vérité avec l'utilité des sens ou de la liberté par une interprétation laxiste et inopérante de soi comme choix d'autant plus intense que non motivé). Le bon usage respectif, absolu pour la liberté, circonscrit pour l'entendement, reste cependant de rigueur dans le mésusage de ces facultés, ces dernières requérant leur qualité la plus pure pour mener à terme leur perversion: la liberté elle-même dans son inaltérable absoluité «se précipitant» telle qu'en elle-même dans une mauvaise application. Où est le négatif dès lors? Dans la subtile hétérogénéité s'insinuant au cœur de l'esprit à titre d'indexation psychologique négative: impatience compulsive ou atermoyante, une certaine mobilité de la pensée: accélération inopinée de sa puissance, ou ralentissement intempestif de son infinité. C'est là toute la théorie cartésienne de l'erreur en tant que la recherche «naturelle» de la vérité est grevée par ce trait psychologique immanent à l'exercice même de l'esprit: sa passion propre, car si rien de grand ne se fait sans passion, la

plan d'immanence fait appel à une création de concepts (c'est moi P.V. qui souligne)» (*id.*, p. 45).

passion n'en est pas moins aveugle sur elle-même et s'engouffre pareillement sur un leurre de son déclenchement (l'information utilitaire comme idée) ou sur un indice d'indétermination (le non-motif comme garantie du meilleur choix). Bref c'est l'esprit dans son ambiguïté plus ou moins bien orientée comme tare ou qualité, selon. C'est là le principe qui fonde la dualité hétérogène au cœur même de l'esprit de vérité du «champ de conscience» propre à la philosophie moderne.

Illusion

L'«illusion» s'attachant à la dialectique transcendantale chez Kant se substituera à l'erreur comme négatif du nouveau plan que constitue le champ *temporel* de la conscience. Non pas que l'erreur n'ait pas d'existence dans la *Critique* mais elle sera circonscrite à l'analytique et aux mauvaises opérations de détermination du champ intuitif, c'est-à-dire aux mauvaises proférations judicatives développant les concepts à propos des données spatio-temporelles, bref aux cas cartésiens d'application de l'erreur. A ce niveau l'erreur est à nouveau psychologique: interférence d'activités de l'âme adventices à la pure activité intellectuelle, l'entendement juge en se laissant suborner par des excitations et des images qui relèvent de la même totalité spirituelle que lui mais sans être pertinentes à propos de l'activité *déterminante* des jugements. Le dualisme cartésien reste agissant. Par contre le véritable apport de Kant au regard du problème de la vérité s'adosse à la nouvelle dimension négative que constitue l'illusion. Non plus une faute en extériorité interne en quelque sorte aux fonctions judicatives, mais *une perversité intrinsèque au fonctionnement de l'entendement sous la condition de la raison cette fois* ou de la montée de l'entendement à son étage dialectique. C'est l'entendement dans l'usage le plus strict de ses enchaînements qui se dévoie en outrepassant les limites de son usage et pense au nom de sa propre «nature» pouvoir se prononcer sur ce qui échappe à toute sentence. Ici on peut dire que le dualisme s'est résorbé, car c'est à la source même de l'initiative connaissante que jaillit le négatif, l'effet d'égarement engagé par des leurres inévitables, illusions transcendantales. La vérité se trouve embarquée dans l'aventure du négatif mais clichée en une opposition irréconciliable entre elle et ce qui en elle l'induit en négatif de soi, sommée en conséquence par Kant de s'abstenir aux parages de ces zones de turbulence : qu'il s'agisse d'illusions des sens (incoercibles illusions de perception) ou d'illusions d'enchaînements logistiques sans terme (antinomies et paralogismes)... Le progrès est évident par rapport à Descartes et réside dans le monisme articulé de la légitimité rationnelle et de l'illusion à laquelle l'exercice de cette légitimité conduit l'esprit : ce n'est plus une perversion psychologique des facultés spirituelles en interférence qui vient perturber le bon fonctionnement de l'entendement, mais le meilleur de son usage qui l'induit en erreur ; il s'agit là d'une solide montée à l'ambivalence foncière de la vérité, à sa dialectique à vrai dire. Mais le gain moniste reste cependant limité au regard ce qui s'en révélera d'envergure avortée par le progrès ultérieur, limite repérable dès lors dans l'actualité kantienne. C'est qu'il s'agit d'un monisme de l'esprit, mais non pas de l'être-là humain, ou du tout de l'homme, qui reste encore divisé entre sa part spirituelle et sa part vitalo-corporelle. La vérité demeure l'apanage de l'esprit, le corps est à ce point exclu de sa problématique qu'il ne peut même pas en perturber le fonctionnement. S'il ne joue aucun rôle dans la montée des illusions transcendantales, l'absence de considération à son égard empêche l'élucidation de toute la portée du drame de la vérité. Que Descartes soit en proie à ce clivage esprit/étendue cela relevait de la cohérence de l'idéalisme du champ absolu de la conscience comme vérité de départ ; que cette option en faveur de la supériorité de l'esprit persiste après que Kant lui-même a pourtant établi que toute conscience, empiriquement déterminée, de sa propre existence, implique l'existence des objets dans l'espace hors d'elle, est plus symptômatique d'un souci de partage qui continue à privilégier l'esprit au détriment du corps. La finitude de la connaissance a été gagnée par Kant au regard de l'infinité en acte des expressions de la raison humaine attestant la puissance infinie de Dieu (ainsi en allait-il chez Descartes), mais une finitude bien spirituelle par comparaison avec la part de finité du corps auquel elle s'adosse : il suffira à Kant de passer au degré supérieur de la morale pour retrouver l'infinité en acte de l'absolu moral.

En fait la finitude une fois sortie de sa boîte ne s'y laisse pas renfermer si aisément. En ce sens, même à ce niveau la finitude n'accepte pas de venir à résipiscence. Entièrement illuminée par la loi morale, il reste que la conscience morale peut mal tourner : choisir le pire contre le mieux, le « mal radical » en résistance à la voie royale de l'impératif catégorique. Déjà « le jugement d'imputation » dans la *Critique de la raison pure*, s'appuyant sur l'autonomie inconditionnelle du caractère intelligible, établissait que, nonobstant tous les conditionnements auxquels le caractère empirique est en proie, le comportement de l'agent *doit toujours pouvoir être imputé à sa responsabilité* parce qu'en quelque circonstance que ce soit « il aurait toujours pu ne pas... », donc « aurait dû... ». C'est dire que le caractère intelligible pouvait aussi bien opter pour le bien que pour le mal, et que l'empâtement dans la finitude menaçait l'infinité en acte de la Loi morale au cœur de chacun. *La Religion dans les limites de la pure raison* ajoutera le mystère du *choix* du caractère intelligible, tel, cette fois, que ce dernier est en lui-même la tentation du « mal radical », à savoir la casuistique par laquelle l'agent peut toujours se présenter à soi-même son acte comme susceptible d'être plaidé au tribunal universel de la loi morale, ce qui donc permet à la conscience de faire le mal sous les apparences du bien. Mystère de la finitude qu'aucune grâce ne peut éluder sauf à appeler grâce la possibilité même pour le caractère intelligible de s'orienter favorablement et non négativement dans la voie du mal... Hegel reprendra la structure de cette duplicité possible dans la « conscience certaine d'elle-même » de la *Phénoménologie*.

Bêtise

C'est précisément le lieu où la troisième *image de la pensée classique* entre en jeu : celle se soutenant de la bêtise comme dimension négative de soi, bêtise et méchanceté iront du reste de pair. Deleuze écrit dans *D.R.* une note significative, et prémonitoire de sa future « géophilosophie », « Sur le mal (bêtise et méchanceté), sur sa source... et sur toute l'histoire qui s'ensuit, Schelling écrivit des pages splendides» (p. 198). Et effectivement Schelling reprend comme au vol le thème du choix originel du caractère intelligible, choix pré-temporel et a-empirique décidant hors-temporalité: du destin moral de l'agent... «essence non décidée» et ayant seule à se décider, mais au cours de son existence pré-temporelle: «cette décision ne peut tomber dans le temps; elle tombe hors de tout temps et coïncide dès lors avec la première création...»[1]. Cette fois on imagine mal que ce ne soit pas la totalité de l'expérience humaine qui soit engagée dans cette décision originelle. Deleuze élève la question au niveau d'un problème transcendantal. Il a déjà multiplié à l'infini les trois Idées kantiennes, on imagine aisément qu'il multiplie semblablement les schèmes de l'imagination en fonction des multiples plans d'immanence ou *images de la pensée*, maintenant il n'hésite pas à multiplier les conditions transcendantales de l'expérience, les «structures de la pensée» précise-t-il. Tout l'éventail des puissances s'attachant à la bêtise (lâcheté, cruauté, bassesse, méchanceté, grotesque, terreur) correspond à une relation synthétique transcendantale, c'est-à-dire de formation circulaire du monde et de soi. Deleuze y ajoute notamment le tyran, l'esclave; leur place du moins; structurellement définie et non empiriquement ou imaginairement décalquée. Transcendantalement pour le tyran ça se dira «celui qui tire avantage d'un autre et s'en croit supérieur»; il ne faut pas être à la tête d'un royaume pour être tyran: il suffit d'être le premier servant de son système[2]: le mari tyrannique est lui-même esclave de sa prétention hégémonique. Non seulement parce qu'il a dû vaincre l'esclave en lui et définit donc en permanence sa suprématie par sa peur niée d'une tombée en servitude; mais surtout parce que sa domination implique sa faiblesse sur le terrain même de ses exigences: leur réalisation impartie aux serviteurs, il en devient dépendant, comme de la femme qu'il soumet aux sévices de ses plaisirs, à la merci de laquelle il se trouve dorénavant pour les satisfaire: première victime de sa propre terreur, il se produit à l'image du monde qu'il constitue. C'est le principe général

1. *Recherches sur la liberté humaine*, Payot, 1977, p. 132-134.
2. *D.R.*, p. 196.

d'action réciproque : pas d'intervention sur le monde sans exposition simultanée aux effets en retour du monde transformé. C'est le tout de l'individu qui doit se découper transcendantalement à partir de la structure de la bêtise.

Mais en révélant sa dimension transcendantale la bêtise révèle simultanément le remaniement requis à la solution transcendantale du problème qu'elle pose. La condition de possibilité de la bêtise n'est autre que la condition de possibilité de *l'individuation*, et celle-ci est à son tour dépendante du fond dont l'individu s'extrait. Car il n'y a d'individu qu'en genèse génitale d'un fond obscur dont il émerge, s'émancipe tout en y restant embourbé, « ne pouvant être supérieur à ce dont il tire avantage » [1]. Ce qui signifie que le battement est incessant entre le fond et la forme, l'enlisement et l'extraction, que la forme n'est jamais conquise une fois pour toutes et qu'elle ne cesse de subir les assauts sempiternels de ce dont elle s'extirpe ; autrement dit, de ce fond qui l'accompagne sans s'en différencier comme une bonace anonyme, qui peut soudain se révéler tempête et engloutir ce qui s'en différencie. C'est ici qu'intervient la tourmente initiale de l'âge des mondes de Schelling : le mouvement rotatoire infernal de contraction et d'expansion sans fin... excepté le passage au verbe pacificateur. La liberté originaire et placide en tendant à se saisir saisit simultanément la menace de cette concentration sur soi et instamment contre-balance cette menace par une expansion affirmative de sa volonté, contradictoire de la contraction initiale qui elle-même la contre à son tour aussitôt dans un tournoiement infernal... C'est l'entrechoquement, quasi pulsionnel, des plans d'immanence de Deleuze, s'ils ne cristallisaient pas les concepts sur la planitude de leur surface. Avec ceux-ci survient l'enchantement spéculatif qui boise le désert des diverses images de la pensée. Lorsque le Verbe vient comme sortie du mouvement rotatoire, alors la création du monde et de l'homme est possible pour Schelling, et avec l'homme la répétition de la même dramaturgie : le choix originel et pré-empirique *en tant que choix forcé*, c'est-à-dire toujours déjà engagé dans la *possibilité* de la liberté *mais en tant que*

1. *D.R.*, *id.*

conquête de soi sur ce qui en constitue l'avers. Cet avers consisterait à ne pas s'assumer comme être libre et rester la proie de la pulsation (contractile/expansive) d'auto-affirmation à double battement, menacée de son engouffrement dans le trou noir de son égoïsme ou dans le salut d'une extériorisation menacée d'une perte inverse dans la dissémination expansive de son identité, l'un se dressant en contrebalancement de l'autre. *Impossible de ne pas avoir toujours déjà choisi l'un des termes de l'alternative qui constitue la condition ontologique de l'existence individuée du sujet.* Déduction rétroactive d'un choix originel et éternel, et à ce dernier titre toujours réactivable dans le suspens de son alternative. Le choix originel entre le Bien (la Loi pour la Loi) et le Mal (la particularité sous le masque de la Loi sans résorption concevable). Cette fois le mystère du choix originel propre au caractère intelligible chez Kant, est assumé comme choix méta-empirique : le mal radical jouxtant toujours le caractère intelligible comme la duplicité tournoyante dont ce dernier peut être la proie : choisissant finalement en tout cas toujours l'universel, mais soit pour de bonnes raisons, soit pour de mauvaises, masquées sous la sophistique de la valeur universelle... Toujours déjà, dès l'humanité et l'institution historique de l'horizon universel à venir, la pensée veut l'universel, mais selon la dialectique jamais achevée du Bien et du Mal, dont on comprend le caractère *radical* maintenant... en ce qu'elle ne peut le vouloir sans simultanément, selon l'initial choix toujours actualisable, être tentée par l'informe indécision de sa volonté à être capable de plaider n'importe quelle cause[1]. Deux bêtises se laissent appréhender comme sol chthonien de pesanteur et de lourdeur sur lequel peut se gagner la libre revendication de la liberté : la bêtise de la turpitude duplice et celle de la brutalité butée, la blanche et la noire, garantie que le tout de l'être est brassé dans un monisme radical. La seconde servant de motivation ou de fond à la première car le simple fait d'agir *est déjà le mal* en tant qu'attache instituée à soi à travers l'attachement fait à telle

1. Seul doit être méprisé, moralement, du point de vue de la conscience toujours certaine d'elle-même, le sot, dit Hegel : incapable de plaider sa cause, et qui se trouve par là brutalement assigné à la bêtise sans l'once même d'une duplicité ; cf. *Phénoménologie de l'Esprit*, t. II, trad. Hyppolite, p. 179.

dimension du monde, le surplus proprement *radical* résidant dans l'assomption délibérée de son point de vue comme point de vue universel: griffes et ongles sortis dans la défense de son bon droit...

Deux chaos

Deleuze parle de deux matières chaotiques inverses, soit la noire soit la blanche; «l'abîme indifférencié, le néant noir, l'animal indéterminé dans lequel tout est dissout – mais aussi le néant blanc, la surface redevenue calme où flottent des déterminations non liées, comme des membres épars, tête sans cou, bras sans épaules, yeux sans front»[1]. C'est la double indifférence, celle de l'indéterminé ou celle des déterminations éparses, non liées, la contraction annihilante, néant noir comme les trous abyssaux ou blanc comme l'expansion dispersante de toute identité. «A ce niveau-là, il n'y a pas de *différence* à proprement parler, dit Zizek dans *Hegel passe*[2] à propos de Schelling, mais seulement le battement, la palpitation pulsionnelle entre le Rien et l'Un, entre l'expansion et la contraction. Schelling donne ici un tour particulier à la formule panthéiste du Dieu comme l'Un-Tout; il déplace l'accent sur son côté nocturne, généralement méconnu par ses partisans ainsi que par ses adversaires». Ce dont il est question pour Deleuze à propos de l'image de la pensée se soutenant de la bêtise, avec sa teneur négative, c'est de son endroit: le sursaut de différenciation s'en émancipant. Les deux bêtises, la noire et la blanche, collent à ce qui s'en différencie comme la condition même de son émergence. Soit la bêtise brutale et inconsciente, la force sanguinaire et destructrice, mais mauvaise au point duplice d'être capable de se justifier, de le tenter, en tout cas de croire le pouvoir, soit la bêtise turpide et perverse, calme et blanche, dans la manipulation raffinée de la loi morale: mal *radical* donc, car prenant les choses à la *racine* de la subjectivité de chacun, tout étant permis ou le n'importe quoi *dans la mesure où la sophistique rhétorique se trouve toujours en mesure de justifier quelque cause que ce soit*: le caractère intelligible devient

1. *D.R.*, p. 43.
2. Edition: Point Hors Ligne, p. 227.

l'instrument même de la perversion de la Loi ; le pire du tout « s'autorisant de soi-même » par le moyen de l'autonomie inconditionnelle du caractère intelligible.

Il a donc fallu passer par la genèse de la liberté humaine à travers celle de l'individuation. C'est la répercussion, au niveau humain, du choix cosmique de la création du monde face à la situation chaotique initiale. Aussi bien l'institution, résultant du choix forcé du problème transcendantal et de sa solution, de l'individuation comme perpétuel combat face à ce qui ne cesse de l'attirer vers l'inférieur chaotique : la « différence » comme *l'au-delà de l'indéterminé blanc et noir*, mais sans que jamais soit donnée la promesse de son tracement... Le noir c'est aussi bien la bêtise mobilisée de préférence par la littérature et l'art dans la dénonciation qu'en opère Flaubert, en la donnant à voir au point qu'elle devienne insupportable. C'est *Fargo* et l'enquête péristaltique menée par l'anti-héroïne atteignant mécaniquement son but, ou *Forrest Gump,* intervenant de façon effective dans toutes les grandes affaires de l'histoire américaine du point nul de sa bêtise simplement adaptée à son strict environnement... Dénonciation ou apologétique populiste ? L'ambiguïté est entière puisque la *différence* est une émancipation impossible et nécessaire à la fois, qui ne peut que se constater, jamais se commander. L'indéterminé blanc sera, lui, plus précisément philosophique.

Sartre parle à cet égard des deux acceptions du mal : soit le mal pneumatique, universel désastre ambulatoire semant le malheur et la mort sur tous ses passages, mal objectif et inconscient de soi ; soit le mal comble de duplicité perverse : la volonté de mal pour le mal, devant se faire mal à soi-même pour gommer toute bonté dans l'entreprise, rejoignant par cette auto-destruction, le mal destructeur pneumatique, mal proprement diabolique s'achevant par la destruction du destructeur avec celle du monde où il exerce ses sévices[1]. Ces deux maux, quoi qu'il y paraisse, ces deux formes, noire et blanche, du chaos relèvent toutes deux respectivement de notre responsabilité, celle résultant du « choix forcé » par lequel chacun se trouve toujours déjà engagé dans l'être envers et contre le néant le

1. *Saint Genet, Comédien et Martyr*, p. 36-37.

menaçant. Tout néant en acte, noir ou blanc, se trouvant donc redevable *de cette appartenance de fait à l'être*, et constituant comme la menace co-impliquée à ce qui s'en veut la conjuration, mais aussi bien dès lors en constituant semblablement l'actualisation jamais résorbée. «C'est l'homme qui rend ses villes destructibles, précisément parce qu'il les pose comme fragiles et comme précieuses et parce qu'il prend à leur égard un ensemble de mesures de protection. Et c'est à cause de l'ensemble de ces mesures qu'un séisme ou une éruption volcanique peuvent *détruire* ces villes ou ces constructions humaines. Et le sens premier et le but de la guerre sont contenus dans la moindre édification de l'homme. Il faut donc bien reconnaître que la destruction est chose essentiellement humaine et que *c'est l'homme* qui détruit ses villes par l'intermédiaire des cyclones ou directement, qui détruit ses bateaux par l'intermédiaire des cyclones ou directement»[1]. Tous coupables du simple fait d'être dans un monde fini, d'y être à découvert et menacé par lui: coupables dès lors en tant qu'exposés à sa vindicte, s'y exposant; *sujet supposé ayant choisi* ce mal du fait d'exister contre lui... mais par lui. Deleuze dit: «Il y a du cruel, et même du monstrueux, de part et d'autre dans cette lutte contre un adversaire insaisissable, où le distingué s'oppose à quelque chose qui ne peut s'en distinguer, et qui continue d'épouser ce qui divorce avec lui. La différence est cet état de la détermination comme distinction unilatérale... Cette différence, ou la détermination, est aussi bien la cruauté»[2]. C'est ce que je disais être l'enveloppement du mal blanc de la duplicité par le mal noir de l'hostilité du cours des choses et des désastres naturels: l'incontournable intérêt et attache particuliers de chacun à soi dans son implication dans les choses... Hegel ne verra que la dialectique du *Mal et son pardon* pour en venir à bout, ce qui n'est pas une faible exigence. Deleuze fera une constatation analogue, mais en verra l'étonnante solution dans... le monstre, la *distinction* indiscernable de *l'obscurité* d'où elle se distingue dans la mesure où *l'obscur* s'annonce à travers elle sans se *distinguer* d'elle qui

1. *L'Etre et le Néant*, p. 43.
2. *D.R.*, p. 42.

s'en distingue... Les petites impressions jaillissent infinitésimalement du bruit de la mer: si le mugissement est *clairement* perçu ce ne sera que sur fond de la *confusion* de toutes les petites perceptions qui le composent vague à vague, mais cette *clarté* n'est elle-même concevable que parce que préjudiciellement et génétiquement des petites perceptions ont été *distinguées* en découpe de *l'obscurité* dont elles jaillissent; c'est la même *clarté* de la corde qui craque à partir de la *confusion* agissante des forces étirantes, pourtant *distinctement* subie par la résistance du chanvre de chaque petite traction dans la cumulation *obscure* de chacune d'elles... C'est dire que le choix délibéré du «monstre» n'est pas tant un choix de l'insolite faisant tache sur un fond de consensus que la levée du barrage de la *clarté* par rapport à sa genèse, donc au regard de sa considération comme celle de l'être lui-même dans son devenir.

Quel est l'endroit positif de cet envers négatif? Que peut gagner la philosophie à cette image paradoxale de la pensée? La conquête enfin accomplie d'un monisme radical. Rien ne reste extérieur à l'exercice de la philosophie à titre de repoussoir autorisant son élitisme: ce qui en elle et par elle, c'est-à-dire par la partie pensante et supérieure d'elle-même, la rend digne de la vérité, et par là destinée à elle... mais en même temps et par là c'est la valeur même de la vérité qui est abandonnée – tellement son destin est lié à cette hiérarchie des facultés. Aussi bien dès cet instant tout vaut selon ce qui polarise chaque individuation s'instituant; la valeur de valeur se substitue à la valeur de vérité. Ce qui ne veut pas dire que tout vaille, parce que la valeur de valeur est sélective *au regard de tout ce qui est négatif de l'assomption individuante*: de tout ce qui empêche ou s'interdit de comprendre qu'il y a autant de sens à un phénomène, comme le dit Deleuze après Nietzsche, que de forces qui s'en emparent... Reste comme fonction polémique celle à l'encontre des images classiques de la vérité. L'ambivalence de cette image de la pensée dans l'espoir d'une révulsion de soi demeure pourtant dominante, car comment tirer avantage de la bêtise sans y succomber, et donc perdre le gain répulsif attendu?

Délire

De là une nouvelle image de la pensée radicalisant le monisme de la genèse individuante attachée à la bêtise: montée au «délire» comme l'abandon sanctionné du privilège de la pensée c'est-à-dire de l'ultime valeur de vérité s'attachant à la valeur de valeur… C'est la fin de tout esprit de polémique, le décollage assuré de l'existence; la leçon tirée de l'avènement kantien de la finitude à travers la perte de l'identité à soi du Cogito entre sa pensée et son être, réflexion déportée dorénavant à travers la seule forme de déterminabilité du temps, détournée de soi parce que percluse de temps ou parce que les dieux se sont décisivement détournés d'elle. «Se détourner de soi ou d'un dieu»[1] une seule et même chose, la pensée n'était *elle-même* qu'en tant que redevable d'un dieu, conçue à son image; si le dieu disparaît, son image humaine de même; mais, en allant plus loin encore, si le temps l'emporte sur toute stabilité, point même besoin du détournement des dieux pour ébranler le fétichisme d'une identité à soi, ego et caractère se dissolvent d'eux-mêmes sous les flux de l'écoulement du sens interne. Cependant, si assumant le détournement de soi, l'abandon s'accomplit dans la nostalgie de la vieille identité et en obtempérant au diktat catégorique du détournement divin (symétrique et inverse de l'impératif catégorique), cette perte de tout sens absolu, et l'esseulement en résultant, est rattrapée dans la douleur même de son absence, et la fidélité à n'y plus pouvoir croire. Cette fidélité devient derechef infidèle *en elle-même* puisque ne cessant de réactiver cela même qui se devrait oublier. C'est le travail hallucinatoire permanent de présentification de l'absent censément disparu. Délire assuré de la viciosité de sa circularité. Au niveau du délire s'enchaînent successivement deux niveaux: perte de tout repère fixe dans un premier temps, et affolement résultant de cette perte dans la tentative sauvage d'en restaurer un, motivée par la première perte qui donc la contredit, dans un second temps… les fous de Dieu.

Alors plus de pensée érigée en étalon-or de la vérité par l'auto-appartenance identifiante à l'idée d'infini, mais la même chose cependant, en abîme: étalon du vide, et sur ce vide se

1. *Qu'est-ce que la philosophie ?*, p. 54.

bâtira le temple de vacuité d'une nouvelle vérité... Cette nouvelle *image de la pensée*, paradoxale puisque délirante, n'est sans doute plus en mesure de faire la part entre sa dimension positive et sa dimension négative. C'est une conscience malheureuse et contente de l'être. Les insinuations retorses de la vérité sont innombrables : elle s'introduit maintenant par son manque. Ainsi Hœlderlin, ainsi Mallarmé : « Oui je le sais, nous ne sommes que de vaines formes de la matière, *mais bien sublimes pour avoir inventé Dieu et notre âme.* Si sublimes, mon ami ! que je veux me donner le spectacle de la matière, *ayant conscience d'être*, et cependant *s'élançant forcenément* dans le rêve qu'elle sait n'être pas... »(*lettre à Cazalis*). La conscience n'est plus qu'un rêve de la matière mais n'en démordant pas, envers et contre tout, soutenant dans son rêve l'affirmation de l'Absolu, c'est-à-dire d'elle-même, et cela malgré le savoir de son inexistence : lucide sur le détournement de l'Absolu et pourtant faisant de cette lucidité le moteur même à s'y rapporter : vampire se nourrissant de sa disparition comme de l'enflure du désenchantement de son âme. Ame bien née ne saurait mentir, encore moins âme souffrante.

Idiotie, bêtise, stupidité

Deleuze navigue, quant à l'image classique de la pensée entre l'idiotie, la bêtise et la stupidité. L'idiot est la grande conquête de Descartes, penser par soi-même, « idiolectiquement » hors toute scolastique, en rupture avec la tradition et toute autorité. La bêtise ne semble pas accéder au statut de problème pour ce dernier, son dualisme l'en garantit. Quant à la stupidité, c'est pour Deleuze une caractéristique péjorative du Cogito de Descartes de n'avoir atteint que la possibilité de penser, dans l'inaptitude à déterminer quoi que ce soit... puisqu'on le sait avec Kant il n'y a que le temps de déterminable par le Cogito et non l'être postulé par son exercice. Manière de sanctionner une époque historique de n'avoir pas pensé au-delà de son ombre. Mais la même structure d'impuissance et de stupidité doit dès lors être imputée à Hœlderlin ou Mallarmé. Toujours sempiternellement « se détournant de leur pensée et d'un dieu » et tout aussi sûrement les convoquant de la rigueur directrice de leur dénégation : une identique circularité vicieuse, celle d'un refus se nourrissant du fantôme de l'affirmation induit par le refus. C'est le sens de « Négation » dont parle Sartre dans la situation impossible et pourtant nécessaire d'une dénonciation tournante de la synthèse par l'analyse et réciproquement, au milieu du XIXe siècle pour les écrivains de 1848, sommés de néanmoins faire advenir un sens... du fait « qu'il doit en advenir un »[1] ! Ces écrivains, Flaubert, Mallarmé, tout aussi « stupidement » enchaînés au seul supplice de leur rouet que Descartes à l'absolue circularité immédiate du roc de sa subjectivité. Lieu de résistance sans faille pour le premier contre tout malin génie, ou « Château de pureté aussitôt évaporé en brume » pour les chevaliers du néant. La pensée se détourne de soi, donc de la vérité, mais pour mieux se restaurer et se réinstituer dans son absoluité.

De la pensée sans image à l'image moderne *de la pensée*

Reste dès lors *l'image de la pensée moderne*, enfin la rupture en voie de s'accomplir. La pensée décollant de toute attache imaginaire, de tout privilège de supériorité élitiste, telle qu'en elle-même la triple purification précédente (illusion, bêtise et délire) l'a mise en mesure de s'employer selon le libre jeu d'elle-même, à la surface de l'écoulement temporel et dans le tracement de la pure ligne abstraite de devenirs individuant et différenciant de soi. C'est le règne des simulacres, rapports fantômatiques de simulacres à simulacres. Deleuze indique en un rapide aperçu la réversion du platonisme lui-même en un anti-platonisme agissant au cœur même des textes de Platon. C'est l'abandon du privilège théo-téléologique de la bonté de l'Idée face aux copies pour le rééquilibrage du problème au niveau du conflit des images elles-mêmes : les images (icônes) ou les copies précédentes et les images-simulacres, imitation des icônes, que Platon appelle phantasmes. Le simulacre ne produit qu'illusoirement un effet de ressemblance, lui-même est différent *en soi-même*, agençant ses composantes de manière

1. *L'Idiot de la famille*, Gallimard, nouvelle éd. 1988, t. III, p. 134, également p. 165, 176, 198.

telle qu'elles disent *à la fois* elles-mêmes *et* autre chose, articulent leur artifice *et* ce dont elles sont l'artifice sans que ne se puisse plus savoir lequel est le critère de l'autre. En conséquence s'il doit y avoir appartenance à une essence, le simulacre relève cette fois de *l'idée de lui-même comme de l'idée Autre* ou de l'Autre de toute idée : idée de dissemblance *en soi*. Mais aussitôt c'est le charivari : l'idée comme Modèle et la copie comme Ressemblance perdent leur autorité de vrai pour bien plutôt apparaître, à leur tour et *de leur point de vue*, au regard de la présomption qui les caractérisait, comme des erreurs (modèle d'aucun en soi et copie d'aucun modèle) et des illusions (croyance à leur prérogative sélective entre les bonnes et les mauvaises images, icônes et simulacres). Simulacres, Idée de simulacres, désintégration de cette idée ou de toute idée, sont donc les trois étapes de subversion du platonisme repérable dans l'œuvre de Platon lui-même, dans sa textualité[1].

Deleuze fera une combinaison des conditions d'émancipation de la pensée, comme image de la vérité, menacée par la seule erreur, au profit des acquis de la pensée liée à l'illusion, la bêtise et le délire : 1) abandonnant avec la bêtise la volonté de vérité, 2) sollicitant avec la bêtise et le délire la violence irruptive qui forcera une mobilisation hétérodoxe, sinon paradoxale de son usage orthodoxe, et mènera en conséquence à la leçon du détournement de soi de la pensée, abandonnant la simple possibilité du *Je pense* au profit d'une contrainte à penser : Je est fait Autre par son exposition à l'inconscient qu'*est* la ligne pure du temps[2] : l'indéterminé blanc, l'éclatement de tout moi, l'inconscient par le vide même du champ du temps ; enfin 3) tentant de maintenir le lien entre la genèse et l'expression, entre la violence subie au niveau empirique et la riposte transcendante, en une sorte de fidélité de la pensée à ce qui l'a provoquée[3] : intériorisation des secousses du monde au niveau du spasme jaillissant de la pensée : la monstruosité en acte des états seconds au niveau de ce qui peut en fomenter d'intempes-

1. *D.R.*, p. 167.

2. « Contrairement à ce qu'énonce la plate proposition de la conscience, la pensée ne pense qu'à partir d'un inconscient... » (*D.R.*, p. 258).

3. « C'est précisément ce que Nietzsche entendait par volonté de puissance : cette impérative transmutation qui prend pour objet l'impuissance elle-même (sois lâche, paresseux, obéissant si tu me veux ! pourvu que...) » (*D.R.*, p. 258).

tivité dionysiaque[1]. Deleuze pense que la ligne abstraite doit suivre la ligne du temps comme l'intériorisation de son cours inexorable mais en même temps qu'elle peut en diriger le cours selon la coappartenance de toute ligne tracée à la ligne temporelle la rendant possible. Est-il normal qu'Apollon soit tu si c'est forcément lui qui fait le travail d'élaboration de la Différence ? Mais c'est là le principe d'ordre que la passion de subversion en se plaidant a forcément des difficultés à avouer. Déjà la pensée sans image est rentrée dans le bercail des images de la pensée : moderne simplement, mais d'autant plus sulfureuse[2].

Pierre VERSTRAETEN
Université Libre de Bruxelles

1. *D.R.*, p. 276.

2. Sartre a établi les caractéristiques de ce qu'il appelle l'Art-névrose ou l'Art-Absolu des écrivains de 1840 commençant avec Flaubert et s'achevant avec Mallarmé. Les traits sont très semblables de cette littérature à faire avec ceux de « l'image moderne de la pensée ». Cf. *L'Idiot de la famille*, Gallimard, nouvelle éd. 1988, t. III, p. 143 et sq.

DE LA RESSEMBLANCE : UN DIALOGUE FOUCAULT-MAGRITTE

René Magritte lit *Les Mots et les Choses* dès sa publication, sans aucun doute attiré par les promesses de ce titre d'une belle simplicité[1]. Son intérêt le porte à considérer principalement le chapitre II intitulé « La prose du monde », où Michel Foucault définit l'*épistémè* du XVIe siècle dont le principe essentiel est, pour lui, la ressemblance. Négligeant l'indexation historique, le peintre lit ce chapitre comme une théorie générale de la ressemblance et s'empresse d'écrire au philosophe, le 23 mai 1966, pour soulever un problème que lui pose cette théorie[2] ; il joint à sa missive quelques reproductions de ses œuvres, parmi lesquelles « Ceci n'est pas une pipe » au dos de laquelle il a écrit : « Le titre ne contredit pas le dessin ; il affirme autrement ». Michel Foucault, stimulé à la fois par les remarques de l'artiste et par ce que les reproductions *disent autrement*, élabore un fragment de théorie de la représentation picturale qui joue sur la dualité de l'icône et du langage, dans leur *entre-deux*, à la manière même du jeu pictural magrittien. Voilà résumées les circonstances d'un dialogue dont il me paraît intéressant de détailler quelques aspects.

On le sait, *Les Mots et les Choses* est une « archéologie des sciences humaines » qui repose sur deux thèses principales. La première, c'est que l'histoire du savoir européen n'est pas un développement linéaire, le progrès continu d'une *ratio* sans cesse perfectionnée, mais une série discontinue de moments fondamentalement différenciés par le fait de posséder chacun son *épistémè* propre. La seconde thèse, c'est que la rupture la plus conséquente dans cette série distingue la pensée classique

1. *Les Mots et les Choses. Une archéologie des sciences humaines*, Paris, Gallimard, 1966 (cité ici dans la pagination de la coll. « Tel »).

2. In FOUCAULT, *Ceci n'est pas une pipe*, Fata Morgana, Coll. « Scholies », p. 83-85.

de la pensée de la modernité, à la faveur de quoi l'homme, jusque-là absent du savoir humain, en devient le principal problème ; ce clivage situé au début du XIXe siècle revêt une place prépondérante dans le discours de Foucault, car, on vient de le dire, son objectif est d'expliquer comment s'est formée l'*épistémè* des sciences *humaines*. Auparavant, l'archéologie met en évidence un autre clivage : entre ressemblance et représentation. « Jusqu'à la fin du XVIe siècle, la ressemblance a joué un rôle bâtisseur dans le savoir de la culture occidentale[1] ». Alors fondé sur ce principe, selon Foucault, tout le savoir occidental s'organisait suivant un jeu de miroir infini où chaque aspect du monde en reflétait un autre : « Le monde s'enroulait sur lui-même : la terre répétant le ciel, les visages se mirant dans les étoiles, et l'herbe enveloppant dans ses tiges les secrets qui servaient à l'homme. La peinture imitait l'espace. Et la représentation – qu'elle fût fête ou savoir – se donnait comme répétition : théâtre de la vie ou miroir du monde, c'était là le titre de tout langage, sa manière de s'annoncer et de formuler son droit à parler ». C'est ce foisonnement infini des ressemblances, et cette connivence du monde et du langage qu'il suppose, que l'ère classique interrompt : « on s'était demandé comment reconnaître qu'un signe désignait bien ce qu'il signifiait ; à partir du XVIIe siècle on se demandera comment un signe peut être lié à ce qu'il signifie[2] ». De là, un bouleversement considérable du régime cognitif occidental : « Les choses et les mots vont se séparer » et la représentation (le langage, le discours) triompher. Le savoir se renferme dans le monde des signes, comme dans la deuxième partie du *Don Quichotte*, où le héros rencontre des personnages qui ont lu la première partie, « le texte de Cervantès se replie sur lui-même, s'enfonce dans sa propre épaisseur, et devient pour soi objet de son propre récit »[3].

Par rapport à cette vaste fresque, à son ambition et à ses éclairs de génie – même si, avec le recul, on peut y trouver à redire et, parfois, à s'ennuyer –, la réaction de Magritte manque singulièrement d'ampleur :

1. *Les Mots et les Choses*, *op. cit.*, p. 32.
2. *Ibid.*, p. 58.
3. *Ibid.*, p. 62.

« Cher Monsieur,

Il vous plaira, j'espère, de considérer ces quelques réflexions relatives à la lecture de votre livre 'les mots et les choses'...

Les mots Ressemblance et Similitude vous permettent de suggérer avec force la présence – absolument étrange – du monde et de nous-mêmes. Cependant, je crois que ces deux mots ne sont guère différenciés, les dictionnaires ne sont guère édifiants quant à ce qui les distingue ».

Suit le rappel du grand « cheval de bataille » du peintre : *sa* théorie de la ressemblance. L'essentiel de sa lecture réside donc dans une objection qui ne peut manquer d'étonner le lecteur attentif de Foucault. Elle laisse entendre, en effet, que le philosophe distinguerait radicalement similitude et ressemblance. Il est vrai que sa terminologie n'est pas d'une constance absolue, que similitude et ressemblance jouent dans son texte une sorte de pas de deux dont la chorégraphie n'est pas toujours très claire. Dans la première page du chapitre II, les deux notions apparaissent successivement en position de synonymie : « Il faut nous arrêter un peu en ce moment du temps où la ressemblance... » – « À la fin du XVIe siècle, au début du XVIIe, comment la similitude était-elle pensée ? », et dans une relation d'espèce à genre : dans « la trame sémantique de la ressemblance », la *similitudo* jouxte l'*amicitia*, l'*aequalitas*, la *consonantia*, etc.[1] ; et, page suivante, lorsque commence l'énumération des principales « figures de la ressemblance », la similitude prend la dimension d'un trait de définition de la ressemblance en combinaison avec d'autres traits : par exemple, avec la relation d'ordre proche pour la *convenientia* ou avec le miroir à distance pour l'*aemulatio*, etc.

Il serait fastidieux (du moins, dans le présent cadre) de relire l'ensemble des *Mots* et d'y détailler chacune des occurrences ou des cooccurrences de la similitude et de la ressemblance. Notons-en simplement quelques-unes, dont l'intérêt apparaîtra ultérieurement : pour attester que, dans l'*épistémè* de la Renaissance, la représentation est impliquée dans le système de la ressemblance, Foucault dit du signe qu'« il signifie dans la

1. *Ibid.*, p. 32.

mesure où il a *ressemblance* avec ce qu'il indique (c'est-à-dire à une *similitude*)»[1]; de Don Quichotte, il dit: «Tout son chemin est une quête aux *similitudes* (...) Les troupeaux, les servantes, les auberges redeviennent le langage des livres dans la mesure imperceptible où ils *ressemblent* aux châteaux, aux dames et aux armées[2]»; et, enfin, quant à la pensée classique, en posant le problème qui la caractérise, il associe encore étroitement les deux notions: «pourquoi donc les choses se donnent-elles dans un chevauchement, dans un mélange, dans un entrecroisement où leur ordre essentiel est brouillé, mais assez visible encore pour qu'il transparaisse sous forme de *ressemblances*, de *similitudes* vagues, d'occasions allusives pour une mémoire en alerte[3]?». Il semble à peu près clair que, pour Foucault, ressemblance et similitude non seulement se ressemblent, mais s'identifient carrément...

Si l'objection de Magritte semble présupposer le contraire, c'est, de toute évidence, qu'il est surtout préoccupé de faire savoir à Foucault le fond de sa propre pensée en ce qui concerne la ressemblance, comme on va le voir. Mais, curieusement, à regarder les choses de très près (à «pinailler» un tantinet...), on est tenté de donner raison au peintre d'avoir soulevé le lièvre, ce qui reviendrait, en fait, à lui donner tort ainsi qu'à Foucault. Dans le lexique du français, la ressemblance est une relation entre des choses qui présentent certains aspects identiques – on dira de deux personnes qu'elles se ressemblent si, par-delà des différences patentes, elles présentent un nombre suffisant de traits identiques –, alors que la similitude est une relation entre deux choses «exactement semblables» (*Petit Robert* – lequel dictionnaire renvoie dans la catégorie «vieux» l'usage de similitude pour désigner une «comparaison fondée sur l'existence de qualités communes à deux choses»). Si l'on voulait faire cuistre, on traduirait ces deux définitions comme suit:

– x ressemble à y, s'il existe un ensemble de propriétés P1...Pn, tel que x et y possèdent P1 à Pn (1...n étant une «quantité suffisante»);

1. *Ibid.*, p. 44.
2. *Ibid.*, p. 61.
3. *Ibid.*, p. 84.

– il y a similitude entre x et y, si, à l'égard de toute propriété P, x et y possèdent P.

Bref, la similitude serait une ressemblance totale, et la ressemblance... une similitude partielle. Malheureusement pour cette belle formule symétrique, les dictionnaires ne sont pas d'accord entre eux : le *Petit Larousse* définit la similitude comme « ressemblance plus ou moins parfaite, analogie » ! A noter qu'en latin, *similitudo* est une notion qui recouvre la ressemblance, l'analogie, la parité, etc., mais aussi la notion de portrait (*similitudines fingere*). A la façon de *similiter*, qui veut dire « de même » et « comme si », la similitude désigne aussi bien le semblable, peu ou prou exactement, que le ressemblant, le presque comme. En fait, il s'agit moins de s'échiner à distinguer similitude et ressemblance, sur un plan strictement lexical, que d'identifier des degrés de ressemblance et donc de différence corrélative, allant de la parité stricte à l'analogie plus ou moins différentielle. « La ressemblance, dont il est question dans le langage familier, dit Magritte lors d'une conférence à l'Académie Picard en 1959, est (...) plus ou moins ressemblante[1] ».

Et, ce qu'il en tire, c'est une critique de la notion de ressemblance, de son flou. A remarquer qu'il y a un lien étroit entre l'idée de ressemblance et celle du flou que Wittgenstein met particulièrement en exergue lorsque, tentant de déterminer le caractère commun à tous les jeux et constatant qu'il n'y a entre eux que des similitudes partielles, des « ressemblances de famille », il en conclut que jeu est un concept flou[2]. Lorsque, dans la suite de sa lettre à Foucault, Magritte développe son « objection », il semble, d'ailleurs, qu'il fasse contradictoirement avec ses premiers mots le départ de la similitude d'avec la ressemblance :

« C'est me semble-t-il que, par exemple les petits pois entre eux ont des rapports de similitude, à la fois visibles (leur couleur, leur forme, leur dimension) et invisibles (leur nature, leur saveur, leur pesanteur). Il en est de même du faux et de

1. *Ecrits complets*, Paris, Flammarion, Coll. « Textes », 1979, p. 493.
2. *Investigations philosophiques*, § 66-67 et 71.

l'authentique, etc. Les 'choses' n'ont pas entre elles de ressemblance, elles ont ou n'ont pas de similitudes».

Il réserve donc similitude aux «rapports de similitude» que les choses *réelles* peuvent présenter: deux «vrais» petits pois qui ont même taille ou même couleur (traits visibles) ou même saveur ou même poids (traits invisibles). Dans nombre de textes antérieurs, cet argument est présenté à partir de l'expression commune: «se ressembler comme deux gouttes d'eau», que Magritte commente ainsi: «Cette soi-disant ressemblance consiste en des rapports de similitude, distingués par la pensée qui examine, évalue, compare[1]». En tant que choses, les gouttes d'eau sont des objets distincts – «on dit aussi que 'dans le monde, il n'y pas deux gouttes d'eau absolument identiques'[2]»; c'est l'esprit qui introduit entre elles «plus ou moins de similitude» en les comparant. Et c'est là que Magritte veut en venir: la similitude est tel ou tel rapport donné entre les choses; la ressemblance «n'est pas un rapport entre deux choses», mais «un acte» de l'esprit appliqué à comparer les choses pour les connaître: «Il n'appartient qu'à la pensée d'être ressemblante, écrit-il à Foucault. Elle ressemble en étant ce qu'elle voit, entend ou connaît, elle devient ce que le monde lui offre».

Ce discours de Magritte est comparable à celui de Quatremère de Quincy au début de son *Essai sur la Nature, le But et les Moyens de l'imitation dans les Beaux-arts*, où, à dessein de discerner la spécificité de l'imitation, il distingue la «similitude par identité» de la «ressemblance par image»[3]. Si

1. «La ressemblance (version de Liège)», 1960, in *Ecrits complets*, *op. cit.*, p. 518. Cf. aussi, entre autres, «La ressemblance», manuscrit de la Conférence à l'Académie Picard, 1959, p. 493 *sq.*, «L'art de peindre...», 1960, p. 510 *sq.*, «La ressemblance (version de Londres)», 1961, p. 529 *sq.*, «La similitude...», p. 579.

2. *Ibid.*, p. 493. Duchamp en rend compte d'une autre manière, à travers la notion d'«infra-mince», par exemple «la différence (dimensionnelle) entre deux objets faits en série [sortis du même moule] est un infra-mince quand le maximum (?) de précision est obtenu» (*Notes*, réunies par Paul Matisse, Paris, Centre Georges Pompidou, 1980, note 8); à l'unicité des objets en tant que choses, comme deux petits pois, deux gouttes d'eau ou deux readymades, s'oppose leur caractère de réplique d'un même modèle qui les rabat sur la similitude: ainsi, le «*ready-made* (...) n'a rien d'unique... La réplique d'un *ready-made* transmet le même message; en fait presque tous les *ready-mades* existant aujourd'hui ne sont pas des originaux au sens reçu du terme» (*Duchamp du signe. Ecrits*, éd. de Michel Sanouillet avec la coll. de Elmer Peterson, Paris, Flammarion, 1975, p. 192).

3. Paris, Treuttel et Würtz, Libraires, Strasbourg, Londres, 1823, Bruxelles, Editions des Archives d'architecture moderne, 1980, p. 8-9.

nous n'éprouvons aucun sentiment particulier à constater la similitude entre deux épis ou entre deux fruits, c'est que dans les « répétitions organiques », ainsi que dans les « répétitions mécaniques », il « manque ce qui constitue la condition première de l'imitation ; je veux dire l'*image* »[1]. D'où sa célèbre définition : « *Imiter dans les beaux-arts, c'est produire la ressemblance d'une chose, mais dans une autre chose qui en devient l'image*[2] ». Magritte insiste à sa manière sur cette différence (ce « déficit » dans le langage du néoclassique) constitutive de l'image : « En aucun cas, l'image n'est à confondre avec la chose représentée : l'image picturale d'une tartine de confiture, n'est assurément pas une véritable tartine, ni une tartine postiche[3] » ; elle « n'est assurément pas quelque chose de mangeable »[4]. De même : « Une image n'est pas à confondre avec quelque chose de tangible : l'image d'une pipe n'est pas une pipe[5] ».

Quatremère de Quincy met en avant le plaisir inhérent à l'imitation, suivant un thème d'origine aristotélicien qui, chez le stagirite, est associé à l'idée d'un pouvoir cognitif de l'image – on connaît le célèbre passage de la *Poétique* sur les choses désagréables que leur image embellit, nous permettant ainsi d'accéder à la connaissance de leur forme propre. Ce pouvoir cognitif est un aspect fondamental de la conception magrittienne : « L'acte essentiel de la pensée c'est de devenir connaissance. (...) La ress.[emblance] c'est une pensée qui devient conn.[aissance] immédiate ». (...) La ress.[emblance], c'est l'acte essentiel de la pensée (...)[6] ». Si la peinture mérite le titre d'art de la ressemblance, c'est en tant qu'elle réalise l'acte suivant lequel « la pensée ressemble »[7], c'est-à-dire qu'elle *produit* la ressemblance : « L'art de peindre – qui mérite vraiment de s'appeler l'art de la ressemblance – permet de décrire, par la peinture, une pensée susceptible de devenir visible ». Ce qui est susceptible de devenir visible est quelque

1. *Ibid.*, p. 5.
2. *Ibid.*, p. 3.
3. *Ecrits*, *op. cit.*, p. 494.
4. *Ibid.*, p. 519.
5. *Ibid.*, p. 530.
6. *Ibid.*, p. 493.
7. *Ibid.*, p. 518.

chose qui ressemble au monde, non pas au sens où il le *reproduit*, mais où la ressemblance *produit* des choses qui deviennent un possible-visible, aussi bien une pipe que l'inscription « Ceci n'est pas une pipe »[1].

Les dessins ou les tableaux qui associent ces deux possibles, l'un iconique, l'autre verbal, constituent donc une sorte de théorème visuel de la ressemblance au sens magrittien. C'est pourquoi le peintre en adresse un exemplaire à Foucault, lequel, semblant d'abord oublier le point de départ de leur correspondance, son propre livre, part dans une courte mais profonde méditation sur le théorème de la pipe, tel que le révèlent deux de ses versions – dans la première (1926), il y a l'icône de la pipe et l'inscription contradictoire; dans la seconde (*Aube à l'antipode*), il y a un redoublement de l'icône, en bas incluse dans un tableau encadré porté par un chevalet (avec l'inscription), en haut, flottant seule en l'air. Alors que, dans l'esprit de Magritte, le théorème de la pipe est une sorte d'exemplification du théorème général de la ressemblance et, à ce titre, participe du règlement de la question de la relation entre la peinture et le visible, pour Foucault, il est plutôt une illustration de la problématique des relations, d'une part, entre peinture et écriture et, d'autre part, entre ressemblance et affirmation. Sans doute est-il induit à ce glissement, non seulement par le jeu de son libre-arbitre, mais encore par ce que Magritte a inscrit au dos de la reproduction du « théorème » qu'il lui envoie avec sa lettre : « Le titre ne contredit pas le dessin ; il affirme autrement ».

Au vrai, dans sa propre réflexion, le peintre n'est nullement étranger aux questions que Foucault (re)-découvre en cette occasion : question du titre (« Les titres des tableaux ne sont pas des explications et les tableaux ne sont pas des illustrations des titres. (…) Je crois que le meilleur titre d'un tableau, c'est un titre poétique[2] ») ; question du rapport entre mot et image (et la série des « théorèmes » : « Un mot ne sert parfois qu'à se désigner soi-même », « Parfois le nom de l'objet tient lieu d'une image »,

1. *Ibid.*, p. 530.

2. *Ibid.*, p. 259 et 262. Magritte parle ici un peu comme Baudelaire disant que la meilleure critique, c'est celle qui est poétique. Et il faut rappeler aussi que, pour le peintre, « La poésie est une pipe »… (*ibid.*, p. 5).

« Une image peut prendre la place d'un mot dans une proposition », « Dans un tableau, les mots sont de la même substance que les images », « On voit autrement les images et les mots dans un tableau », etc.[1]). Foucault reviendra sur cette partie verbale et théorique de la pensée de Magritte[2], mais, pour commencer, et au sujet de la *Pipe*, c'est plutôt son expression visuelle et pratique qui l'intéressent. A ce sujet, l'essentiel tient en deux mouvements d'analyse déterminés par l'hypothèse selon laquelle il y a, sous les configurations magrittiennes, le schème du calligramme, à la fois exploité et perverti. A la façon dont le calligramme travaille les relations entre image et langage, mais paradoxalement, « Ceci n'est pas une pipe » présente les caractéristiques suivantes : les mots sont dessinés, la pipe alphabétisée ; le texte « entreprend de nommer ce qui évidemment n'a pas besoin de l'être (la forme est trop connue, le nom familier). Et voilà qu'au moment où il devrait donner le nom, il le donne en niant que c'est lui »[3] ; enfin, désignation et dessin apparaissent à la fois dans le piège de leur connivence et dans la fracture de leur différence.

Il y aurait maints aspects, maints détails de cette proposition de Foucault à considérer de plus près (de même qu'il conviendrait sans doute de s'interroger sur la pertinence du recours au schème du calligramme). Pour l'essentiel, il convient de souligner que l'auteur l'emploie à confirmer et affiner certains aspects de sa théorie des *Mots*, en considérant deux principes de la peinture occidentale. Le premier, c'est le distinguo entre « représentation plastique (qui implique la ressemblance) et référence linguistique (qui l'exclut) »[4]. Il s'agit, ici, d'ajouter une nouvelle discontinuité dans l'archéologie (à la réserve près que maintenant cette dernière concerne moins les sciences

1. *Ibid.*, p. 60.

2. Voir plus loin. Cf. *Ceci n'est pas une pipe*, *op. cit.* p. 47-48, 51-52. La pensée de Magritte est, à mes yeux, une des plus instructives parmi les propositions des peintres modernes et contemporains. Seulement elle nous instruit moins sur la peinture (comme plastique) que sur l'image (y compris celle que le mot suggère), sur sa nature – d'aucuns le lui reprochent, mais c'est un peu comme si on reprochait à son charcutier de ne pas faire du bon pain ! J'aborde la question de l'image magrittienne comme contribution à la théorie de l'icône dans *Le Bouclier d'Achille. Théorie de l'iconicité*, Paris, L'Harmattan, 1996.

3. *Ibid.*, p. 26.

4. *Ibid.*, p. 39.

humaines que la peinture), celle qui sépare le XXe siècle de toute la peinture occidentale; jusqu'à ce point, représentation plastique et référence linguistique étaient séparées: «On fait voir par la ressemblance, on parle à travers la différence. De sorte que les deux systèmes ne peuvent s'entrecroiser ni se fondre. Il faut qu'il y ait d'une façon ou d'une autre subordination: ou bien le texte est réglé par l'image (...); ou bien l'image est réglée par le texte (...)[1]». On peut remarquer que la subordination du texte à l'image renvoie à l'ère de la ressemblance (VIe siècle) et la subordination adverse, à l'ère de la représentation (l'âge classique), mais qu'il est plus difficile de dire si la phase suivante, où la séparation-subordination de ces deux fonctions est interrompue, correspond à la troisième étape de l'archéologie des *Mots*, puisque celle-ci implique de prendre en compte un troisième terme, la signification, sinon absent, du moins subsidiaire ici. La rupture du XXe siècle, impulsée par Klee, c'est, dans le strict domaine pictural, la rencontre, la fusion de la plastique et de l'écriture («Bateaux, maisons, bonshommes sont à la fois des formes reconnaissables et des éléments d'écriture[2]»), «l'entrecroisement dans un même tissu du système de la représentation par ressemblance et de la représentation par les signes»[3]. Quant au deuxième principe évoqué par Foucault, il concerne les relations entre ressemblance et affirmation, deux fonctions confondues jusqu'à Kandinsky. «Qu'une figure ressemble à une chose (...), et cela suffit pour que se glisse dans le jeu de la peinture, un énoncé évident, banal, mille fois répété et pourtant presque silencieux (...): 'Ce que vous voyez, c'est cela'[4]». La dissociation s'opère ici par l'affirmation du caractère de chose des différents composants picturaux, dont on ne peut donc plus demander ce qu'elles sont, à quoi elles ressemblent, et dont la nomination renvoie désormais au *geste* de leur formation (improvisation, composition), à leur *conformation* (forme rouge, triangles) ou à leurs *accentuations* (vers le haut, compensation rose).

1. *Ibid.*, p. 39-40.
2. *Ibid.*, p. 41.
3. *Ibid.*, p. 42.
4. *Ibid.*, p. 42-43.

Sous-jacente à cette réflexion, il y a la question : Magritte est-il moderne ? Car son attachement à la ressemblance – « à l'exactitude des ressemblances au point qu'[il] les multiplie volontairement comme pour les confirmer : il ne suffit pas que le dessin d'une pipe ressemble à une pipe ; il faut qu'il ressemble à une autre pipe dessinée qui elle-même ressemble à une pipe[1] » –, son acharnement à « séparer, soigneusement, cruellement, l'élément graphique et l'élément plastique », au point que coprésents, ils se contredisent – « Ce qui ressemble à un œuf s'appelle *l'acacia*, à une chaussure *la lune* », etc.[2] –, tout cela semble plutôt inciter à le reléguer dans l'avant de la double rupture constitutive de l'art du XXe siècle et de son *épistémè*. En fait, là où Klee entrecroise signe pictural et écriture, Magritte « mine en secret un espace qu'il semble maintenir dans la disposition traditionnelle »[3] ; c'est ainsi que les titres à la fois viennent soutenir l'image et saper ses bases. Et là où Kandinsky affranchit la peinture en même temps de la ressemblance et de l'affirmation, Magritte « procède par dissociation » de la similitude et de la ressemblance : « Peinture du 'Même', libérée du 'comme si'[4] ».

Foucault sauve en quelque sorte Magritte du doute sur sa modernité, mais au prix d'une conclusion qui ne semble guère magrittienne. Et tout se passe comme si les arguments de la lettre de 1966 pouvaient être retournés contre ce texte de 1973. « Il me paraît, dit Foucault, que Magritte a dissocié de la ressemblance la similitude et fait jouer celle-ci contre celle-là[5] ». Non seulement le philosophe opère là une dissociation entre les concepts de ressemblance et de similitude qui n'existait pas dans les *Mots* – c'est un effet de l'intervention du peintre –, mais, comme on l'a vu, pour Magritte, le terme premier, c'est la ressemblance, c'est elle qui détermine la représentation, en tant qu'elle est un acte de la pensée producteur de visible et qu'elle vise non point la similitude (le caractère commun aux éléments

1. *Ibid.*, p. 44.
2. *Ibid.*, p. 45.
3. *Ibid.*, p. 48.
4. *Ibid.*, p. 60.
5. *Ibid.*, p. 61.

d'une série), mais l'instauration comme visible d'un possible dans sa singularité. Foucault renverse complètement la relation:

«La ressemblance sert à la représentation qui règne sur elle; la similitude sert à la répétition qui court à travers elle. La ressemblance s'ordonne au modèle qu'elle est chargée de reconduire et de faire reconnaître; la similitude fait circuler le simulacre comme rapport indéfini et réversible du similaire au similaire[1]».

Que la ressemblance fonctionne comme modèle pour Magritte, c'est un fait. Mais ce n'est pas un modèle qu'elle chercherait à l'extérieur de l'acte même de représentation qu'elle réalise; c'est un schème qu'elle trouve en soi-même, en tant qu'acte spontané qui actualise ce que la pensée projette: «La ress.[emblance] c'est la pensée qui devient conn.[aissance] immédiate (...), c'est l'acte essentiel de la pensée (...) qui n'est pas déterminée par une manière de penser. (...) La pensée doit être spontanée pour comprendre la ressemblance (...)[2]». A l'opposite de cette théorie de créateur, pour lequel «une image n'a que des similitudes possibles avec des aspects du monde visible»[3], Foucault propose une théorie du récepteur qui, devant l'incarnation d'un acte de ressemblance, se sent ou se sait ramené à son effet de similitude[4]. Foucault est un lecteur des œuvres, en position esthétique, sans considération pour le moment poïétique; de son point de vue, même si elle trouble la référence («il suffit que, sur le même tableau, il y ait deux images (...) liées latéralement par un rapport de similitude pour que la référence extérieure à un modèle – par la voie de la ressemblance – soit aussitôt inquiétée, rendue incertaine et flottante»[5]), la peinture de Magritte l'appelle; l'intérêt du jeu qu'elle nous propose, c'est qu'elle l'appelle pour la troubler. Au contraire, il n'y a pas de trouble pour le peintre parce que ce

1. *Ibid.*
2. *Ecrits*, *op. cit.*, p. 493.
3. *Ibid.*, p. 494.
4. «Revenons à ce dessin de la pipe qui ressemble si fort à une pipe; à ce texte écrit qui ressemble si exactement au dessin d'un texte écrit. En fait, lancés les uns contre les autres, ou même simplement juxtaposés, ces éléments annulent la ressemblance intrinsèque qu'ils paraissent porter en eux et peu à peu s'esquisse un réseau ouvert de similitudes», *Ceci n'est pas une pipe*, *op. cit.*, p. 67.
5. *Ibid.*, p. 62.

qu'il produit procède de sa pensée (comme une sécrétion), de son activité positive, de son ouverture sur le plaisir du possible : on lui demande « D'où sortez-vous ce monde à la fois très réel et très surprenant que vous peignez ? » – tout tranquillement, il répond : « Eh bien, je ne peux pas peindre avant d'avoir le tableau entièrement dans ma tête[1] ». Et de nous renvoyer au *coup classique* de l'inspiration, de son mystère inexplicable. En guise d'explication : « Eh bien ! Ce sont simplement des pensées qui deviennent visibles. Mais ces pensées échappent à toute interprétation. Les pensées peuvent ressembler au monde : voilà la vraie ressemblance. Ce qu'on appelle couramment ressemblance n'est que similitude ».

Dans *Les Mots et les Choses*, il n'y a pas de théorie de l'image. Le livre concerne plutôt une théorie épistémologique vis-à-vis de laquelle les supports (image, texte, etc.) sont moins importants que les fonctions : ressemblance, représentation, signification. Dans *Ceci n'est pas une pipe*, il y a une théorie de l'image qui fonctionne dans le carré dessiné par les quatre pôles du linguistique et du plastique, de la ressemblance et de l'affirmation. C'est vraiment une théorie de l'image, puisque le support est ce qu'il s'agit de définir, et donc c'est une théorie de l'image comme *message reçu*. Pour le peintre-théoricien, compte tenu de ce qu'il veut ou croit faire, la théorie de l'image doit concevoir l'image comme acte de pensée, comme production de visible – l'affirmation n'étant plus alors ce que dit l'image, mais l'acte déclaratif qui procède de l'acte de sa production, elle est corrélative à la ressemblance, qui est cet acte même. Le dialogue du producteur et du récepteur, l'un et l'autre campant dans leur rôle respectif, *ressemble* à un dialogue de sourds ; en fait, il met en évidence deux aspects d'un même problème, deux points de vue à la fois complémentaires et contradictoires. Complémentaires du point de vue du fameux schéma de la communication (c'est banal et peu intéressant) ; contradictoires dans le sens où l'image est un lieu de contradiction, le *lieu d'une utopie*, lieu non point de conciliation mais de tension entre une pensée concrétisée et du concret qu'une pensée peut s'approprier.

1. Interview avec Pierre Descargues, 1961, *Ecrits*, *op. cit.*, p. 544.

« Diablerie » dit Foucault (« je ne peux m'ôter de l'idée qu'elle est dans une opération que la simplicité du résultat a rendue invisible mais qui seul peut expliquer la gêne indéfinie qu'elle provoque[1] ») – comme Diderot disait de Chardin (« Mais être chaud et principié, esclave de la nature et maître de l'art, avoir du génie et de la raison, c'est le diable à confesser[2] ») pour mettre en évidence la dualité dans la peinture de son effet de similitude et de son acte de ressemblance, c'est-à-dire la dualité de la nature et de la peinture. Le circuit instauré par Magritte va, du côté du producteur, de la pensée à la peinture et, du côté du récepteur, de la peinture à tout ce qu'elle suggère, nature physique, image mentale, idées. Le peintre refuse la peinture de l'invisible, la figuration des idées[3], mais il offre à l'autre, à celui qui est condamné à l'altérité de la réception, motif à toutes sortes de projections, de repli dans l'invisible de sa propre pensée, y compris les idées que la *pensée de cette pensée* suggèrent. Quant au théoricien, en quelque sorte, il métamorphose en pensée l'objet que lui propose le plasticien en employant une autre voie (de communication), mais le même moyen : « le commentaire ressemble indéfiniment à ce qu'il commente et qu'il ne peut jamais énoncer »...[4]

Dominique CHATEAU
Université de Paris I
U.F.R. d'Arts plastiques et des Sciences de l'Art

1. *Ceci n'est pas une pipe*, *op. cit.*, p. 19.

2. Salon de 69, in *Œuvres esthétiques*, texte établi par Paul Vernière, Paris, Editions Garnier Frères, Coll. « Classiques Garnier », 1968, p. 496.

3. « Une image de la ressemblance ne résulte jamais de l'illustration d'un 'sujet' banal ou extraordinaire, ni de l'expression d'une idée ou d'un sentiment », *Ecrits*, *op. cit.*, p. 519 ; et dans la Lettre à Foucault : « Il y a depuis quelque temps, une curieuse primauté accordée à 'l'invisible' du fait d'une littérature confuse, dont l'intérêt disparaît si l'on retient que le visible peut être caché, mais que ce qui est invisible ne cache rien : il peut être connu ou ignoré, sans plus. Il n'y a pas lieu d'accorder à l'invisible plus d'importance qu'au visible, ni l'inverse », *op. cit.*, p. 85.

4. *Les Mots et les Choses*, *op. cit.*, p. 56. Cette phrase de Foucault est, ici, à prendre, indépendamment de son contexte.

LES AVENTURES DE L'IMAGE CHEZ MICHEL FOUCAULT

Si le tableau-peinture a été, pour Michel Foucault, l'occasion d'un exercice préparatoire, complément au discours archéologique, ce n'est pas seulement parce qu'il constitue un lieu privilégié de visibilité qui se prêterait à la description[1], mais parce qu'il est ce qui retient au mieux dans ses rets l'image, foyer perceptible où se distribuent des jeux d'apparition. Cette mise à demeure[2] de l'image, devenue configuration est constitutive de l'illusion de la souveraineté de la peinture et du peintre (notamment à l'âge classique). Elle permet l'organisation du visible sur le mode d'une représentation qui oriente le regard. Aussi offre-t-elle dans son déploiement un document idéal pour l'étude de la représentation et son pouvoir de fonder, à la fois, «le jeu qui la redouble sur soi, les liens qui peuvent unir ses divers éléments» et «le mode d'être commun aux choses et à la connaissance»[3].

La tâche de l'archéologie aura été de diagnostiquer, derrière les productions représentantes, les conditions de visibilité et les conditions d'énoncé propres à chaque formation historique, dans l'absence essentielle d'une conscience ou d'un sujet, auteur souverain, par lequel se constitueraient des pratiques du voir et du dire. C'est dans cette même logique et parallèlement

1. Michel FOUCAULT, in «Pierre Boulez ou l'écran traversé», *Nouvel Observateur*, n° 934, octobre 1982, p. 95, reconnaît que contrairement à la musique, très tôt la peinture a incité à la parole; «du moins l'esthétique, la philosophie, la réflexion, le goût et la politique (...) se sentaient-ils le droit d'en dire quelque chose, et ils s'y astreignaient comme à un devoir».

2. Parlant de la frénésie des images à la naissance de la photographie dans les années 1850-1880 où les peintres utilisaient les photos, Foucault écrit: «Rien ne répugnait plus (aux images) que de demeurer captives, identiques à soi, dans un tableau, une photographie, une gravure, sous le signe d'un auteur. Nul support, nul langage, nulle syntaxe stable ne pouvaient les retenir». M. FOUCAULT, *Fromanger, le désir est partout*, Galerie Jeanne Bucher, 1975.

3. M. FOUCAULT, *Les mots et les choses*, Gallimard, Paris, 1966, p. 251- 253.

au diagnostic des défaillances du sens dans l'opération mimétique que sont aussi examinés les procédés de déplacement par lesquels se manifeste l'autonomie du visible[1] et celle de l'énoncé[2].

J'examinerai, dans ce cadre général des pratiques de représentation tracé par Michel Foucault, trois modes d'apparition de l'image dans le champ pictural de visibilité: l'image-fiction qui s'est constituée à l'âge classique, l'image-objet dans la peinture de Manet[3] et l'image-lumière dans la peinture photogénique de Fromanger. J'essayerai de montrer, à chaque fois, la forme et les potentialités de l'image à travers son diagramme et ses effets. Cela permettra d'interroger la peinture, au seuil de sa «déterritorialisation», sur son devenir-image qui est aussi un devenir-lumière.

1. *L'image-fiction*

Parler peinture est une entreprise périlleuse dont Foucault a montré les limites pour ne pas dire les impossibilités. Il énonce clairement le non rapport du langage et du visible et remarque que toutes les métaphores et images possibles ne définissent jamais que les successions de la syntaxe[4]. Et pourtant, il a choisi d'intervenir, là même, dans le champ de parole ouvert par l'organisation illusionniste de la peinture figurative classique qui semblait prêter par essence à la reconnaissance. Il adopte,

1. Il s'agit, ici, de tous les procédés de déconstruction du dispositif de la peinture figurative naturaliste par la mise en évidence des formes de luminosité.

2. Voir l'examen des procédés énonciatifs comme stratégie de résistance dans l'écriture de *R. Roussel* (Gallimard, 1963), mené aussi dans l'article sur BATAILLE, *Préface à la transgression*, (in *Critique*, n° 195-196, septembre 1963) ou dans les procédés de langage (voir la préface à *la grammaire logique* de Jean-Pierre BRISSET, Tchou, 1970).

3. L'étude sur Manet dont le manuscrit a été détruit par Foucault et auquel G. Deleuze fait plusieurs fois allusion (cf. DELEUZE, *Foucault*, Ed. de Minuit, Paris, 1986, p. 60, 65 etc.), a fait l'objet d'une conférence que Foucault a donnée au Club Tahar Haddad à Tunis, le 20 mai 1971 et dont l'enregistrement a été écouté et transcrit lors des Journées Foucault organisées par le Club en février 1987 en présence de Paul Veyne et Didier Eribon. Les actes de ces journées ainsi que le texte de transcription ont été publiés aux *Cahiers de Tunisie*, Faculté des Sciences Humaines et Sociales de Tunis, t. XXXIX, n° 149-150. J'ai fait moi-même la transcription de l'enregistrement dont je possède une copie.

4. *Les mots et les choses*, *op. cit.*, p. 25: «On a beau dire ce qu'on voit, ce qu'on voit ne se loge jamais dans ce qu'on dit».

pour cela, un langage gris, « anonyme, toujours méticuleux et répétitif » qui dans sa prolifération court le risque de s'introduire entre le visible et sa condition, et de capter ainsi le diagramme de la représentation [1].

Il semble que, pour Michel Foucault, outre un souci heuristique, l'analyse des formes de problématisation à travers lesquelles se donne la représentation classique, dans la série des pratiques discursives et non discursives, ne pouvait logiquement se passer de l'examen de la peinture comme représentation spatiale. On comprend que cet exemple topique de la représentation constitue, à titre d'illustration, l'étape préliminaire au discours sur le discours, au discours sur l'essence de la représentation intellectualiste, au discours sur la division générale à l'âge classique de la représentation et de l'objet de la représentation. La peinture fonctionnerait donc à partir de son cadre comme un document, modèle réduit d'une nouvelle configuration du savoir. Il s'agirait donc du document par excellence où s'étaleraient, sur un espace plan, dans un champ de présence et de concomitances, les nouveaux objets et leurs rapports.

De plus, elle expose, à travers une mise en scène ordonnée, l'image, c'est-à-dire ce qui approche dans sa dimension sensorielle et dynamique l'amont du visible, constitutif d'une situation de perception. Elle capte et fixe, en quelque sorte, un élément privilégié de la visibilité dont il semble qu'on peut, à loisir, étudier les modes d'apparition et de relation qu'il entretient avec les opérations de la vision, du langage et du sens.

1. Cette technique d'écriture, M. Foucault la retrouve dans les écrits de Raymond Roussel, « comme si la fonction de ce langage redoublé était de se glisser dans le minuscule intervalle qui sépare une imitation de ce qu'elle imite, d'en faire surgir un accroc et de la dédoubler dans toute son épaisseur » (M. FOUCAULT, *Raymond Roussel*, Gallimard, Paris, 1963, p. 34. Dans *L'archéologie du savoir*, éd. Gallimard, p. 271, 272, Foucault explique que pour faire apparaître « les pratiques discursives dans leur complexité et dans leur épaisseur » la démarche archéologique choisit de montrer : « montrer, c'est faire autre chose qu'exprimer ce qu'on pense, que parler, traduire ce qu'on sait, autre chose aussi que faire jouer les structures d'une langue ; montrer qu'ajouter un énoncé à une série préexistante d'énoncés, c'est faire un geste compliqué et coûteux, qui implique des conditions (et pas seulement une situation, un contexte, des motifs) et qui comporte des règles (différentes des règles logiques et linguistiques de construction) ; montrer qu'un changement, dans l'ordre du discours, ne suppose pas des 'idées neuves', un peu d'invention et de créativité, une mentalité autre, mais des transformations dans une pratique, éventuellement dans celles qui l'avoisinent et dans leur articulation commune ».

Or, il se trouve que la peinture figurative s'est constituée depuis son origine comme un organisme où les formes-images sont assimilables aux éléments d'une bonne représentation. Les relations entre figure et modèle, entre spectateur et œuvre sont saisies, par avance, dans un réseau d'intelligibilités, conséquent de la structure rationnelle de la composition.

En effet, la peinture classique figurative a essentiellement épousé un schème scénique d'organisation spatiale où se donne dans l'illusion de la troisième dimension une représentation, logiquement répartie sur un espace-plan. La mise en scène est rendue possible par la séparation de ce qu'il est convenu d'appeler l'arrière-plan, décor ou fond, et l'avant-plan où a lieu l'événement-sujet du tableau, lieu de référence et de reconnaissance, inscrivant sa désignation par le titre de l'œuvre. Cette géographie picturale remonte à l'antiquité grecque et acquiert ses fondements théoriques avec l'élaboration scientifique de la perspective planimétrique au *Quattrocento*.

Ainsi donc, l'origine et la fortune du tableau de peinture figurative, fenêtre ouverte sur le monde, sont substantiellement liées à un savoir faire et à un voir scénographique. La mise au point, au XVe siècle, de la construction géométrique de l'espace, théoriquement infini et pratiquement clos, revient à la projection d'un cube imaginaire, derrière la surface bidimensionnelle du tableau. Sur la base de ce cube, se déploie, en un savant calcul de proportion et de volume, la scène où s'accomplit, à travers un rapport intelligible des éléments picturaux, un événement, une histoire.

On peut remarquer, à partir de l'interdépendance entre l'espace scénique et l'espace pictural, que, de l'Antiquité grecque à la Renaissance, malgré les différences et les divergences de conceptions de la représentation et quel que fût le procédé pictural par lequel, à chaque fois l'on a tenté de retrouver une quelconque unité architectonique proche du schème théâtral, un espace du récit a été rendu possible.

La plus rudimentaire séparation fond/avant-plan donne naissance à l'illusion d'un espace organique et ordonnateur où les images successives entretiennent, de façon nécessaire, des relations illustratives et narratives qui prennent sens dans un temps chronologique.

Le temps de l'histoire imagée est à la fois inscrit dans la mémoire et prescrit par elle comme par une opération de désignation soit dans la série des événements déjà accomplis, soit par l'organisation de rapports logiques entre éléments reconnaissables. Il est significatif que c'est la formation grecque qui a introduit cette vision de représentation-récit par l'influence de l'art du récit homérique sur les procédés picturaux [1].

Tout aussi bien, n'importe quelle représentation picturale, quel qu'en soit le style, est vécue comme présence intelligible par la place qu'elle occupe dans une suite logique du cours du temps qui lui donne sens. Mais la condition en est toujours que les images qui composent la scène soient de l'ordre du nommable et que la disposition de leurs figures ne soit pas le fait du hasard. C'est bien pourquoi la représentation-récit fonctionne selon une logique du sens. Sa forme la plus éloquente est certainement celle du squelette qui la soutient et qui est matérialisé par la grille qu'Albrecht Dürer avait élaborée pour représenter les objets en perspective et les rendre, à son sens, le plus fidèlement qui soit. Chaque objet représenté, chaque élément de la composition est saisi dans les coordonnées de la grille et entretient un rapport calculable et vérifiable avec les autres éléments de la représentation. Ainsi donc, fenêtre ouverte sur le monde selon un point de vue monoculaire et fixe, le spectacle est saisi dans les rets que lui impose son référent. Le temps qui s'y donne est donc un temps assigné, enfermé dans l'espace, saisi par la géométrie dans la grille des coordonnées. Il apparaît à l'arrière-plan du tableau comme l'éternel, espace d'universel présent, qui renferme tout passé et tout avenir. Il déploie sur l'avant-scène les séquences ordonnées d'événements, saisis à partir de la distinction d'éléments figurés dont la juxtaposition ou l'éloignement définissent la clarté des rapports nécessaires. C'est ainsi qu'ordre, histoire et récit se soutiennent dans les limites de l'espace de l'encadrement, dans l'équilibre des lignes symétriques et des angles fermés.

1. Cf. E. H. GOMBRICH, *L'art et l'illusion*, N.R.F., éd. Gallimard, 1960, p. 171 et suivantes Gombrich prend, à titre d'exemple, une peinture murale de Pompeï (1er siècle après J. C.) présentant Pâris sur le mont Ida. Le berger oisif et rêveur se tient dans un décor rural « avant que les trois déesses dans leur querelle ne soient venues troubler à jamais le calme paisible de ce paysage ».

L'illusionnisme de l'art figuratif est donc essentiellement référentiel. Il fait de l'œuvre un lieu d'expression autorisé par un rapport possible au «réel», explicable par la prise en charge dans un discours institutionnalisé.

D'où la noblesse du genre de la peinture d'histoire, qui rejaillissait d'ailleurs sur le statut de l'auteur, généralement peintre de cour. Cette forme est certainement la plus adéquate au mode de référentialité de l'art classique puisqu'elle se double, au niveau du récit, du discours officiel qui la fonde et qu'elle perpétue. C'est l'ultime figure où se conjuguent les éléments fondamentaux de l'art représentatif dont la beauté se donne sous l'autorité du fait consignable. La souveraineté est assurée à la fois à la représentation, à son principe royal et à l'auteur qui l'institue en images pour l'éternité. De tout cela, Velasquez fut fortement conscient, lui qui figura, en bon peintre du Roi Philippe IV, les faits d'armes et les scènes de cour du monarque et de sa famille.

Et pourtant, c'est au cœur même de cet organisme souverain qui fonde dans l'ordre du savoir la *mimesis* et le mode de déploiement de l'image que Michel Foucault va dépouiller la représentation de ses attributs.

L'analyse du tableau de Vélasquez, *Les Menines*, constitue l'ouverture du livre *Les mots et les choses* sur une trentaine de pages. Ce qui paraissait clair y devient énigme[1]. L'espace déborde en avant et en arrière du cadre du tableau par le jeu des regards et des présences. Les regards du peintre et des personnages au premier plan du tableau projettent la toile en avant d'elle-même; et outre la présence du peintre, la présence de l'homme qui ouvre la porte en arrière plan du tableau déploie un espace en trompe-l'œil. La représentation qui se donne dans la peinture éclate fictivement le matériau du tableau et fait que c'est le même espace qui enveloppe tableau, modèle, peintre et spectateur.

On rejoint ici la représentation de tableaux dans les tableaux de Magritte, qui rend indéterminées les limites de l'espace de la représentation. Pour revenir aux *Ménines*, toute représentation

1. G. DELEUZE, *Foucault*, Ed. de Minuit, *op. cit.*, p. 64: «Ces visibilités ont beau n'être jamais cachées, elles ne sont pas pour autant immédiatement vues ni visibles».

d'un regard dirigé sur nous serait comme une allégorie de la peinture. Ce qui se dirait dans cette allégorie serait que la peinture n'est possible que parce que l'espace où se tient le tableau et celui où se tient le peintre ou le modèle sont le même. Le peintre peignant et le tableau sont équivalents dans l'espace du visible. C'est pourquoi le peintre peut occuper la place devenue indifférente du modèle et le tableau devenir autoportrait du visible où nous nous tenons, du visible que nous sommes. Le cadre du tableau, en puissance de sa propre mort, persisterait comme l'obstination d'une singularité qui ne serait là que pour soutenir et produire, autant de fois que possible, la désignation, «le nom de la peinture»[1].

Ainsi donc, *Les Ménines* de Vélasquez et la peinture en général (devenue art libéral) seraient comme le lieu visible qui permet les formes à partir desquelles la pratique picturale et les visibilités en général se donnent comme «pouvant et devant être pensées»[2].

Le visible déborde les limites matérielles du tableau et les plans de la construction perspective. Le cadre symbolique qui définit le lieu de la peinture éclate dans ses répétitions à l'intérieur même du tableau. Le principe de *mimesis* est mis en dérision par la multiplication et l'évidence des encadrements, dans l'indistinction de ce qui s'y donne comme représentation. Ces limites symboliques, découpage originaire de l'image mimétique, déstabilisent l'opération de reconnaissance. Ils fonctionnent à la manière du langage répétitif adopté par Raymond Roussel qui met au jour l'espace douteux de la réité-

1. Cf. Thierry DE DUVE, *Nominalisme pictural*, Ed. de Minuit, Paris, 1984, p. 230; FOUCAULT, *L'usage des plaisirs*, Gallimard, Paris, 1984. Dans cette étude sur la peinture et la modernité, Thierry de Duve montre que, dans l'histoire de la peinture, toute renonciation aux conventions, toute déconstruction a «sa finalité involontaire», et que les peintres modernes ne se sont défaits une à une des «conventions accessoires» de la peinture que pour mieux mettre au jour un reste irréductible qui sont ses conventions essentielles, c'est-à-dire «les caractéristiques formelles du tableau, et même du tableau non peint» qui tracent «la limite entre ce qui mérite le nom de la peinture et ce qui ne le mérite plus» (p. 230). C'est cette déconstruction instauratrice de l'être-peinture que l'on retrouve dans l'indifférence du modèle dans *Les Ménines* de Vélasquez.

2. Cette expression est de M. Foucault dans *L'usage des plaisirs*, éd. Gallimard, 1984, p. 17; elle concerne la constitution historique comme expérience de l'être de l'homme comme être de désir et s'applique à toutes les «problématisations à travers lesquelles l'être se donne», comme le cas de l'être du visible à partir d'une réflexion sur la peinture.

ration. Roussel en décèle «le minuscule accroc qui l'empêche d'être la représentation exacte de ce qu'elle représente ou encore de combler le vide d'une énigme qu'elle laisse sans solution»[1]. Cette rupture d'avec la ressemblance nous est offerte aussi par le rapport de similitude des pipes ou des tableaux déposés en série à l'intérieur de la peinture de Magritte. La série des objets, désormais picturaux, défie toute désignation de la représentation et fait «circuler le simulacre comme rapport indéfini et réversible du similaire au similaire»[2].

Foucault qualifie d'ailleurs de «scène énigme» les procédés de description où «le langage ne fonctionne que comme une signification refusée»[3]; les choses s'y donnent au regard dans une clarté telle qu'elles cachent ce qu'elles ont à montrer et séparent comme dans *la doublure* de Raymond Roussel l'apparence et la vérité[4]. Cette évidence quasi hystérique des choses est comparable, dans *Les Ménines*, aux personnages, alignés face à nous, nous aveuglant par leur regard, ne laissant entre le spectateur et la peinture aucun écart possible qui permette de reconnaître et de nommer.

Coupée de la désignation et du nom propre, la peinture devient un lieu de visibilité d'où émergent des situations de signes, en dehors d'un sens assigné. *Les Ménines* représentent la mort du signifié souverain en tournant en dérision la ressemblance au modèle si longuement mise en place à la Renaissance. Le tableau cesse alors d'être une fenêtre ouverte sur le monde où règne le souverain-modèle en sa place centrale, panoptique et fondatrice.

Si donc, dans ses incursions, le langage gris a pu déterritorialiser la structure de la représentation en démasquant l'illusion de ses attributs fondamentaux, il l'a fait en étant au plus proche de ce qui éclaire le visible, c'est-à-dire le parcours de la lumière. Ce dernier a la forme d'une «coquille en hélice» qui par ses reflets et ses éclats trace un «cycle complet dans la représen-

1. FOUCAULT, *Raymond Roussel*, *op. cit.*, p. 33-34. Le langage dédoublé est comparé à «une lame mince qui fend l'identité des choses, les montre irrémédiablement doubles et séparées d'elles mêmes jusque dans leur répétition».

2. FOUCAULT, *Ceci n'est pas une pipe*, Fata Morgana, 1973, p. 61.

3. FOUCAULT, *ibid.*, p. 30.

4. *Ibid.*, p. 205.

tation»[1] et distribue, sous ses éclairages, des apparitions et des absences, des scintillements et des ombres; un diagramme dessine le régime de signes qui efface signifiant, sujet, prince et auteur.

L'espace s'ouvre désormais à une pluralité de circulations. La scène décompose son unité fictive d'image synthétique pour devenir complexe multi-sensoriel où chaque élément se transforme en figure libre distribuée par un régime de lumière. De son statut représentatif, l'image passe à une forme de singularité, à une figure de présence.

La forme visible à travers laquelle se donnent la peinture et son historicité est la lumière et ses jeux de vérité que l'on trouve dans toute la peinture du XVIIe siècle. Que ce soit, par exemple, chez Vélasquez, Caravage ou Rembrant, la lumière se fait espace, rend les limites et les contours indiscernables mais donne forme dans son jeu à des images, à la fois temporelles, évanescentes et nécessaires dans le hasard de leur apparition et de leur position.

C'est cette forme de picturalité et sa répétition dans l'histoire de la peinture moderne que Foucault a choisi de présenter. Elle se situe, historiquement, au moment où la peinture tableau cesse d'être un *anologon* du monde, comme ce fut le cas à sa naissance (c'est-à-dire à la Renaissance); c'est le moment, à l'aube du XVIIe siècle, où elle devient l'espace qui substitue des apparitions-images à des absences[2].

C'est par la lumière que les images, figures de représentation, sont rapportées à la vue dans leur dimension sensorielle comme de pure visibilité. En se déterritorialisant, la forme mimétique de l'image acquiert une force de présence singulière et indépendante de la place occupée dans l'espace pictural.

1. FOUCAULT, *Les mots et les choses*, *op. cit.*, p. 27.

2. Cet espace est celui d'une configuration fragmentée qui donne et retire à la fois, par les jeux de lumière, la saisie de l'ensemble en laissant l'impression de figures d'apparition éparses et précaires où se jouent comme des rapports de forces. Les tableaux de peinture baroque et les diverses révolutions formelles de la peinture moderne seraient comme le lieu généalogique par excellence où des rapports de forces laissent émerger des singularités «dans des mixtes d'aléatoire et de dépendance» qui se constituent en «courbes d'énoncés» ou en figures de «visibilités». Cf. G. DELEUZE, *Foucault*, *op. cit.*, p. 124-125 où il est question du rapport du savoir et de la pensée dans la philosophie de Foucault.

2. *L'image-objet*

Dans son livre *Des pouvoirs de l'image*[1], Louis Marin propose de substituer à la question de l'être de l'image qui s'inscrit historiquement dans la problématique de la représentation ou présence seconde (et incite par là-même à des considérations sur la «défection ontologique de l'image-copie dans l'ordre du connaître») une interrogation sur ses vertus, «ses forces latentes ou manifestes, sur son efficace»[2]. Il propose que soient alors examinées les conditions de possibilité de son apparition et de son efficace qu'il situe dans la sphère transcendantale de la mise en vision, c'est-à-dire la lumière: «condition du voir et de l'être vu»[3] mais inaccessible au regard. L'œuvre reste, pour lui, une limite dont l'image est le signe qui cache, dans sa visibilité, la puissance de l'invisible.

Cette conception transcendantale de l'être de la lumière, condition des visibilités, n'est pas éloignée de celle de Foucault que Deleuze, pour la circonstance, va jusqu'à qualifier de «plus proche de Gœthe que de Newton»[4]. L'être-lumière est bien, pour Foucault, une condition indivisible, un *a priori* qui rapporte la visibilité à la vue; mais à la différence près que son opérativité s'exerce selon les formations historiques[5] qui voient et font voir à chaque fois en fonction de leurs conditions de visibilité hors d'un sujet opérant.

C'est pourquoi les limites qu'assigne Louis Marin aux vertus de l'image, prise entre la possibilité de son apparition (lumière in-vue) et les effets de sa manifestation[6] s'inscrivent dans une conception ontologique, pour ne pas dire métaphysique, du visible et de sa condition. En revanche, pour Foucault, aussi bien les pouvoirs des images que la réceptivité inhérente à l'activité de la vision sont déterminés histori-

1. Louis MARIN, *Des pouvoirs de l'image*, Seuil, Paris, 1993.
2. *Ibid.*, p. 10.
3. *Ibid.*, p. 19.
4. DELEUZE, *Foucault*, *op. cit.*, p. 65-66.
5. *Les mots et les choses*, p. 257.
6. C'est-à-dire l'épreuve des limites où l'on s'abîme dans l'obscur pour une quête du sens, cf. L. MARIN, *op. cit.*, p. 20: «contempler c'est aussi par les vertus de l'image, transgresser les limites du temple dans le temple même qui est l'œuvre, se saisir par l'œil de la couleur invisible qui rend visible, et ainsi s'abîmer dans l'obscur (...) le regard aveuglé s'essaie à faire, d'indices et de signaux, des marques sensibles (...) des signes, les signes d'un sens».

quement par le régime de lumière qui fixe leur possibilité, leur différence et leur singularité, en dehors d'un sens préexistant.

Ce régime de lumière peut être, comme dans le cas de figure de la peinture de Manet, celui-là même de la lumière physique qui libère l'image de l'illusion perspective pour lui attribuer les qualités matérielles du support bidimensionnel du tableau. Il permet, alors, d'extraire des images les évidences propres au milieu ambiant dans lequel elles se tiennent.

Parlant de la peinture de Manet[1], Foucault avance que l'ensemble des modifications qu'elle introduit n'ont pas seulement rendu possible l'impressionnisme mais toute la peinture du XXe siècle. Ces transformations consistent essentiellement à «faire jouer» à «l'intérieur même de ses tableaux, de ce qu'ils représentent, les propriétés matérielles de l'espace sur lequel il peint», alors qu'à l'âge classique, tout l'effort de l'art consistait à faire oublier la bidimensionnalité du tableau et l'espace où l'on se tient.

En fait, ce qui, avec Manet, se déconstruit et déterritorialise l'image-peinture classique, c'est l'ensemble des dispositifs qui permettaient l'organisation illusionniste instituée à la Renaissance:

– d'une part, tous les effets de profondeur par «obliques et spirales» qui masquaient le rectangle «avec ses lignes droites se coupant à angles droits»[2],

– d'autre part, la représentation d'un éclairage intérieur ou extérieur à la toile «venant du fond ou de droite ou de gauche» de manière à «esquiver»[3] l'éclairage réel de la surface rectangulaire, selon la place occupée par le tableau dans l'espace (cet éclairage peut tout simplement être l'éclairage du jour),

– enfin, la place idéale du peintre et du spectateur (à la vision monoculaire) à partir de laquelle pouvait et devait se voir le tableau.

En fait, l'image-représentation se donnait dans un intérieur fictif. La fenêtre ouverte de la Renaissance est «une parabole

1. FOUCAULT, *Manet*, *op. cit.*, p. 61-62.
2. *Ibid.*, p. 63.
3. *Ibid.*, p. 64.

aux figures inversées: l'artiste ouvre la fenêtre pour que l'œil s'y précipite»; et c'est l'image qui «autorise la vision»[1].

La modification revient à lever le masque, à arracher la doublure pour «faire ressurgir» les propriétés et les limitations matérielles de la toile-tableau. Il a fallu, en fait, casser la forme de visibilité du tableau de la Renaissance pour extraire l'évidence de la matérialité du tableau-plan, avec son éclairage réel, et permettre ainsi au spectateur de se déplacer autour de l'œuvre pour en saisir «un angle ou les deux faces»[2]. L'image rejoint désormais le visible dont elle fait partie et duquel elle était séparée comme un fantasme. Ces procédés d'extraction de l'image, Foucault les repère dans plusieurs toiles de Manet[3], mais celle qui, pour lui, reste exemplaire est *Un bar aux folies Bergères*. Il s'y trouve «une double négation de la profondeur»[4] que permettent d'une part la présence d'un miroir qui occupe tout le fond du tableau et ferme l'espace comme un mur, d'autre part ce qui s'y reflète.

En effet, Manet représente dans le miroir les personnages qui ne sont pas devant le bar mais devant la toile. En d'autres termes, il met la représentation hors d'elle-même et l'annule dans la continuation du visible où elle occupe une place par son encadrement. Un éclairage «frontal», à l'intérieur du tableau, est matérialisé par des lampadaires en miroir alors que la source lumineuse réelle se tient à l'extérieur, dans «l'espace de devant». Le reflet de la femme dans le miroir suppose que «le peintre occupe successivement deux places incompatibles»[5].

Le procédé de mise en évidence du régime de lumière, condition de possibilité de l'image-tableau, consiste à repérer les incompatibilités et les écarts entre les reflets dans le miroir,

1. Catherine GRENIER, *Image, danger*, in *Les iconodules*, éd. La Différence, Haute Normandie, 1992, p. 169.

2. FOUCAULT, *Manet*, *op. cit.*, p. 64: «Peut-être Manet invente-t-il le tableau-objet, comme matérialité, comme chose coloriée que vient éclairer une lumière extérieure et devant et autour duquel vient tourner le spectateur».

3. Il s'agit des tableaux suivants: *La musique aux Tuileries* (1862), *Bal masqué à l'opéra* (1873), *L'exécution de l'Empereur Maximilien* (1867), *Port de Bordeaux* (1871), *Argenteuil* (1874), *Dans la serre* (1879), *La serveuse de bocks*, *La gare Saint-Lazare*, *Le fiffre* (1866), *Le déjeûner sur l'herbe* (1863), *Olympia* (1873), *Le balcon* (1869), *Un bar aux folies bergères* (1882).

4. *Ibid.*, p. 84.

5. *Ibid.*, p. 85.

la place des personnages dans le tableau et celle que devrait occuper le peintre et par là même le spectateur. Foucault utilise les termes de «malaise» et «d'enchantement» pour décrire l'indétermination où se trouve le spectateur pour bien se placer devant la scène offerte par le tableau et qui défie les règles de l'organisation cubique classique.

La modification introduite par Manet est bien celle du passage du tableau-spectacle au tableau-objet et de l'image-fiction à l'image physique. Au lieu de jouer les illusions, la peinture joue les éléments matériels de la toile avec laquelle elle fait corps. La représentation abandonne «le jeu qui la redouble sur soi» pour se dévoiler sous un éclairage frontal. Pour continuer cette réflexion de Foucault autour de la peinture de Manet, on pourrait emprunter cette remarque de Deleuze et Guattari sur «les âges de la peinture»: «ces trois 'âges', le classique, le romantique et le moderne (faute d'un autre nom), il ne faut pas les interpréter comme une évolution, ni comme des structures, avec des coupures signifiantes. Ce sont des agencements, qui enveloppent des Machines différentes, ou des rapports différents avec la machine. En un sens, tout ce que nous prêtons à un âge était déjà présent dans l'âge précédent. (...) C'est de tout temps que la peinture s'est proposée de rendre visible, au lieu de reproduire le visible, et la musique de rendre sonore, au lieu de reproduire le sonore»[1].

3. *L'image-lumière*

Ce qui se substitue, dans la peinture moderne, à l'espace plan représentatif, uniforme et homogène, soutenu par le point de vue d'un sujet en position fixe, c'est un espace quasi bidimensionnel, ouvert par la lumière et fragmenté par les reflets. La scène éclate de sa forme spectaculaire, dans la brisure des éléments propres à la représentation à savoir la séparation fond/forme, la construction perspective et le jeu des rapports dimension/volume. L'arrière-plan cesse d'être l'horizon de l'espace infini pour devenir fond, aplat matériel qui fait surgir les corps à l'avant du tableau. La déstabilisation et l'indéter-

1. Gilles DELEUZE et Félix GUATTARI, *Capitalisme et schizophrénie, Mille plateaux*, Ed. de Minuit, Paris, 1980, p. 428.

mination des objets et des personnages donnent vie aux figures libérant des formes-objets picturales qui font corps avec le matériau de l'œuvre. Ces figures deviennent couleur, lumière, étendue, rythme, passage...

Mais fallait-il, pour détruire le cadavre de l'image mimétique, se priver, une fois pour toutes, du plaisir de sa mise en jeu et de ses séductions ? Faisant référence à certains courants de la peinture contemporaine (probablement la peinture abstraite et la peinture conceptuelle), Foucault déplore la morosité de leurs discours et pratiques. Cette fois-ci, c'est en esthète et pas seulement en archéologue du savoir qu'il s'exprime... : ces courants « nous ont appris qu'il fallait préférer à la ronde des ressemblances la découpe du signe, à la course des simulacres l'ordre des syntagmes, à la fuite folle de l'imaginaire le régime gris du symbolique. On a essayé de nous convaincre que l'image, le spectacle, le semblant et le faux-semblant, ce n'était pas bien, ni théoriquement ni esthétiquement. Et qu'il était indigne de ne point mépriser toutes ces fariboles »[1]. Le résultat en est que seules ont persisté les images politiques et commerciales qui ont trouvé le champ libre à leur séduction. Foucault a choisi de parler de ces expériences picturales qui sortent la peinture de la longue période où elle « n'a pas cessé de se minimiser comme peinture, pour « se purifier », s'exaspérer comme art »[2].

Comment, se demande-t-il, « retrouver le jeu d'autrefois », la dimension ludique du faire, celle de l'imaginer et celle du contempler, sans pour autant s'astreindre aux canons académiques et aliénants de la représentation classique ? Le meilleur exemple est le travail opéré à l'intérieur même de l'image dans la conservation de sa portée sensorielle et de son pouvoir d'attraction. Il faut jouer les attraits du réel à travers ses conditions de visibilité comme l'ont fait l'art Pop et l'hyperréalisme, comme le fait Fromanger en déterritorialisant et reterritorialisant la peinture par la photo. Ce procédé permet « la circulation indéfinie des images »[3] de la vie au spectacle et du spectacle à la vie. Il s'agit de capture photographique de

1. FOUCAULT, *Fromanger*, *op. cit.*
2. *Ibid.*
3. *Ibid.*

l'anodin, du fugitif, des singularités d'événements relevées dans leur intensité lumineuse par des touches de couleurs qui donnent de l'épaisseur au document picturalisé et aux tranches de vie. Cela revient à peindre des images sans aller chercher derrière elles ce qu'elles représentent.

Fromanger se sert de photos «quelconques» comme les photos d'amateurs et laisse le plus de place au hasard des rencontres; le privilège est donné aux photos prises dans la rue, lieu de rencontre par excellence, ou aux photos sans focalisation qui découpent le monde hors de toute logique du sens. Ces captures anonymes d'événement-image font l'objet d'une intervention chromatique sur le lieu même de leur projection. Ne conservant qu'un fragile dessin, le peintre y dispose les couleurs avec leur différence: «les chauds et les froids, celles qui brûlent et qui glacent, celles qui bougent et celles qui stagnent» [1]. Le lexique utilisé, ici, porte sur le dynamisme, le mouvement, les intensités et les rapports de force, d'attraction et de répulsion.

Que se passe-t-il donc dans l'opération d'intensification de l'image qui, tout en conservant sa production représentante, en transgresse le statut traditionnel? En fait, le peintre crée un événement-tableau sur l'événement-photo; il métamorphose l'image en passages, en espaces de circulation, en visibles du mouvement de la vie. Il transite par la photographie pour libérer l'image et la multiplier dans une frénésie d'apparition.

Les pouvoirs de la peinture de Fromanger sont ceux de la dynamisation de l'image par la transposition de la lumière électrique du projecteur. La peinture jaillit en «court-circuit». En libérant ses intensités et ses lignes de force, elle projette des événements qui ne laissent plus indifférents et des désirs qui traversent l'image. Par la photo, il y a comme un relais entre la peinture et la vie. Ce n'est plus le regard qui parcourt l'œuvre, c'est l'image qui entraîne le regard dans ses chemins, dans sa vitesse, et qui ouvre des voies insoupçonnées; le regard est jeté dans les rues au milieu des passants, sur les routes, à travers les continents. Il quitte son point panoptique et même les différents points de vue par lesquels il saisissait la peinture moderne pour

1. *Ibid.*

se laisser happer par la circulation des lignes lumino-chromatiques.

La modification qui s'opère touche aussi l'aristocratie et l'identité souveraine du peintre qui multiplie ses potentialités en s'aliénant au jeu de «l'amateur», de «l'artificier» et du «pilleur d'images». Dans cette série de «devenirs», pour reprendre un terme deleuzien, il ne s'agit pas d'une relation entre deux formes d'image que sont la photo et la peinture, mais d'un mouvement «en entre-deux» qui produit «une commune déterritorialisation»[1] de l'une et de l'autre visibilité. Les lignes de fuite et de lumière deviennent mutantes[2].

L'analyse que fait Michel Foucault de l'image, à travers les aventures de la production représentante qu'est la peinture, est à la fois archéologique et esthétique. Par un langage gris et des descriptions minutieuses, il traque les techniques et les procédés picturaux pour ouvrir l'espace de visibilité et en déchiffrer les conditions de possibilité. A chaque formation historique, un éclairage particulier cache ou fait scintiller les rapports de force et d'intensité propres aux formes de visibilité par lesquels se déterminent à la fois le statut de la perception et celui de la réception. A sa mise en place au *Quattrocento*, la peinture organisait le spectacle du monde sous un mode de représentation qui assignait le sens en déterminant un voir panoptique et un visible connaissable. Dans l'illusion de vraisemblance, la configuration d'éléments nommables y constituait l'image-fiction comme bonne *mimesis*. C'est à l'intérieur même de cette mise en scène du visible que Foucault décèle à la fois l'absence du sujet opérant et fondateur qu'il soit spectateur, peintre ou modèle et l'écart essentiel entre l'image et les choses.

Cette déterritorialisation de la peinture dite naturaliste et réaliste se reterritorialise dans la peinture moderne en libérant

1. DELEUZE et GUATTARI, *Mille plateaux*, *op. cit.*, p. 366 : «Loin que les lignes de fuite soient faites pour représenter la profondeur, ce sont elles qui inventent par surcroît la possibilité d'une telle représentation qui ne les occupe qu'un instant, à tel moment. La perspective, et même la profondeur, sont la reterritorialisation de lignes de fuite qui, seules, créaient la peinture en l'emportant plus loin».

2. Francis Bacon utilise aussi des procédés de photo-minute ou photo instantanée. Ses peintures sont comme la saisie d'expériences limites d'éclat ou de dissipation qui déroutent toute appropriation (la crispation du rire ou du cri, les décompositions du visage en mouvement, les brusques torsions du corps). Cf. G. DELEUZE, *Francis Bacon, la logique des sensations*, éd. La Différence, 1981.

l'image de son statut de fiction tridimensionnelle. Chez Manet, Foucault trouve un exemple opératoire qui restitue la peinture à son être physique. Le régime de lumière qui la constitue dévoile la matérialité du tracé purement chromatique de l'image autour de laquelle il est désormais possible de se déplacer. Cet affranchissement de la peinture libérée de sa fonction de redoubler le monde et de son statut de *causa mentale* ne se fait pleinement que lorsqu'elle abandonne sa prétention puriste à la distinction qui la réinscrit dans le projet originaire de la séparation art libéral/art mécanique.

En se faisant machine, opération où se bricolent, à travers l'image-lumière, la contingence des événements et l'intensité des désirs, la peinture transgresse ce qui l'aliénait à la représentation. Elle devient, comme avec Fromanger, un faire ludique, une source de lumière d'où jaillissent les désirs et la singularité des rencontres. C'est en esthéticien attentif au procès poïétique de création que Foucault s'engage pour la peinture comme aventure de l'image polysensorielle qui restitue l'art à la vie.

Rachida TRIKI
Universités de Tunis et de Sfax.

LA PHOTOGRAPHIE ET LE POUVOIR. VUE SUR LE *PANOPTICON* DE FOUCAULT

La photographie face à la tradition des genres picturaux

L'un des effets les plus remarquables que la photographie ait engendrés fut la dissolution radicale des anciennes limites qui déterminaient les genres picturaux. Bien que ce phénomène soit déjà perceptible dans les œuvres de Constable, Turner et Corot, où l'art tend à être perçu comme un *vécu*[1], il semble que la photographie en ait proposé une radicalisation. Plutôt qu'une dissolution, opération qui s'effectue dans une lente progression, la photographie fit voler en éclats les cadres traditionnels de la représentation. Action qu'on ne saurait concevoir sans la violence qui lui fut nécessaire et conjointe. Et cette reformulation de la représentation s'est annoncée dès les premiers moments de la photographie parce qu'elle est liée aux spécificités des paramètres (indissociables) de la technique et de l'esthétique photographiques.

A cet égard, il est extrêmement instructif de poser côte à côte un paysage de Jacob van Ruisdael et un désert égyptien de John B. Greene ; une marine de Julius Porcellis et un bord de mer de Le Gray ; une nature morte d'Ambrosius Bosschaert et un arrangement floral de William Henry Fox Talbot. Pour instructive qu'elle soit, cette opération s'accompagne pourtant

1. Dans l'œuvre de Constable, les études de *Nuages* sont particulièrement révélatrices à ce sujet. Chez Turner, les toiles des années 1830 et 1840. Pour Corot, Giulio Carlo ARGAN a mis en évidence la disparition de la notion de nature comme *sujet* au profit de sa transformation en *motif* : « On peut ainsi affirmer que la donnée objective (le paysage) se présente à l'artiste comme un motif lorsqu'il se prête à être expérimenté ou vécu par lui comme un espace unitaire dans lequel aucune graduation n'est possible. L'unique possibilité est celle d'une parfaite parité de toutes les valeurs » ; *L'Art Moderne*, Ed. française, Paris, 1992, p. 55. Par ailleurs, cette question des genres picturaux dans leur rapport problématique avec la photographie a retenu l'attention de certains théoriciens comme, par exemple, Rosalind KRAUSS dans *Le Photographique. Pour une Théorie des Ecarts*, Paris, Macula, 1990. L'auteur en propose une investigation intéressante aux p. 37-56.

d'une certaine gêne : posés en regard, ces couples d'images semblent s'exprimer dans des langues différentes et renvoyer à des référents distincts. Au sein d'une même structure perspective s'est opéré un déplacement d'accent de l'objectal vers le subjectal, de l'objet représenté vers la vision déterminant la prise de vue.

L'explicitation de cette transformation de l'image nécessiterait une étude systématique qui, procédant par comparaison des deux champs iconiques respectifs, relèverait assez rapidement une série de modifications de nature formelle. Bien qu'il ne me soit pas permis ici d'en dresser une liste exhaustive, ni d'analyser quelles sont leurs implications ultimes quant à l'image, j'en relèverai cependant quelques-unes à titre d'exemple. Ainsi, l'apparition dans la « nature morte » photographique d'un flou affectant certaines zones de l'image *y compris* la partie centrale proche réservée à l'« objet » même de la composition. Ce flou, relatif à la profondeur de champ de l'objectif photographique, souligne par ailleurs la nature d'*empreinte* de la photographie et introduit la notion, devenue banale pour nous, du fragment temporel.

A ce premier aspect répond l'espace photographique dont l'évidente continuité par delà le cadre de l'image – ce que suggère, par exemple, le caractère fragmentaire de la « nature morte » elle-même – implique qu'on se référera plus adéquatement au « cadre » photographique en lui reconnaissant les qualités d'un *bord* opérant une découpe dans un milieu hors-champ. A l'opposé, la nature morte classique s'épanouissait d'autant mieux que le rendu minutieux de chacune de ses parties – et en tout cas de l'objet visé comme « nature morte » – s'inscrivait dans un espace lui offrant le *cadre* nécessaire à sa détermination : table, dressoir, étagère et, surtout, niche en pierre dont l'architecture générale définissait, tout autant qu'elle protégeait – encadrait –, la nature morte du XVIIe siècle [1].

La conscience de cette mutation fondamentale de l'image autorise à poser en des termes différents la douloureuse

1. Dans le présent article, je ne peux que signaler la possibilité qui s'offre évidemment à toute photographie de pouvoir s'éloigner des caractéristiques spatio-temporelles photographiques que j'ai relevées. Dans ce cas, cependant, l'image tendra inévitablement vers un effet de *kitsch*.

question de la définition de la photographie comme une pratique à caractère artistique. Effectivement, face à la critique qui s'est enlisée, au XIXe siècle déjà, dans la constatation du caractère mécanique de la photographie pour lui refuser l'entrée triomphale au temple des Arts – critique rapidement devenue un *topos* et qui perdure jusqu'à nos jours –, il paraît opportun de soulever la problématique de cet éclatement soudain des anciens cadres de la représentation tout en l'éclairant du caractère d'*empreinte* qui fonde la photographie. Car l'empreinte photographique exhale un *vécu* innervant l'image d'une énergie propre. D'où cette radicalisation d'un phénomène par ailleurs déjà perceptible au sein d'œuvres picturales antérieures.

Que le jugement cherche à saisir un bouquet de fleurs de Henry Fox Talbot ou une grappe de raisins de Roger Fenton à partir de ces critères qui lui permettaient de reconnaître les qualités d'une nature morte classique, et il s'ensuivra un inévitable effet de déstabilisation pour l'être même de ce regard. C'est, dirait-on, que les murs s'effondrent et que le sol se dérobe, parce que la représentation photographique appelle toujours l'imagination du spectateur vers un au delà, un « par delà elle-même ». Car la nature doublement fragmentaire de la photographie, laquelle s'affirme comme pur fragment spatio-temporel, souligne impérativement la *vision* qui fut l'émettrice de l'image. Comble de la *mimesis,* la photographie s'incarne dans une esthétique qui se situe, d'emblée, à un autre niveau.

Dès lors, ne devons-nous pas réenvisager cette sensation de gêne qui, pour une part de la critique du XIXe siècle, accompagna la réception des clichés photographiques, au sein d'une problématique plus large qui ne verrait dans les questions de la *mimesis*[1] et de l'automatisme photographique que des données finalement secondaires ? Par ailleurs, à cette problématique des genres picturaux que le regard photographique défait vient s'ajouter le handicap qu'a pu constituer pour la photographie artistique la mise en œuvre rapide de ses applications sociales et scientifiques[2]. Les résultats de ces applications ont favorisé ce qui peut nous *apparaître* comme une confusion générale des

1. Que la *mimesis* en art soit valorisée ou critiquée comme le fait Baudelaire.
2. Cf. Gisèle FREUND, *Photographie et société*, Paris, éd. du Seuil, 1974.

niveaux d'expression – avec tout ce que cela implique d'égalisation qualitative et, donc, d'abaissement radical de la valeur du signe – même si ce n'est pas le cas.

Pourtant, dans cette perturbation de la tradition, il est un genre qui semble avoir résisté mieux que ses pairs à la bousculade générale. Il s'agit du portrait et de son sous-genre, l'autoportrait.

Dès les origines de la photographie, le photographe s'est plu à se reprendre au sein de l'image qu'il produit. Pour n'en citer qu'un, Hippolyte Bayard, photographe des premiers temps, se représenta dans ses images sous de multiples aspects. En plan moyen ou éloigné, assis, couché, debout, il a poussé la représentation de lui-même jusqu'à l'ironie et au ludisme[1]. Il s'est également représenté à côté de ses instruments photographiques[2]. L'œuvre du pionnier français révèle ainsi ce qui deviendra un thème récurrent et obsédant de la création photographique : la représentation de soi-même accompagné de l'appareillage technique relatif à la production de cette image. En bref, une mise en abîme, procédé que la tradition picturale avait imaginé et exploré méthodiquement dès le XVIIe siècle[3]. De prime abord, donc, pas de nouveauté ici. Pas de grande révolution, mais la reprise pure et simple d'un thème que seul le dispositif particulier de production de l'image – dispositif représenté – distinguerait de la peinture[4].

Un autoportrait de Umbo[5], daté de 1948[6], fait partie de ce corpus d'images. Plutôt que de se représenter à côté de la chambre noire, le photographe a saisi l'appareil qu'il a calé contre son visage. Puis, ayant déplié son viseur et jouant de la coïncidence parfaite entre la distance de ses yeux et celle qui sépare le viseur de l'objectif, il a appliqué ces deux derniers

1. A ce sujet, voir : *Hippolyte Bayard, Naissance de l'image photographique*, Amiens, 1986.

2. *Ibid.*, fig. 70.

3. Cf. Victor I. STOICHITA, *L'instauration du tableau*, Méridiens Klincksieck, 1993. Pour ce sujet, voir tout particulièrement p. 165-300.

4. On trouvera d'autres exemples précoces de ce thème photographique notamment dans *Das Selbstportrait im Zeitalter der Photographie. Maler und Photographeren im Dialog mit sich selbst*, Catalogue d'exposition, Stuttgart et Lausanne, 1985.

5. Umbo, né Otto Umbehr en 1902, adopta ce surnom en 1924.

6. Cf. *Das Selbstportrait im Zeitalter* ..., fig. 253.

exactement sur ses yeux. Le résultat exprime une intensification de la capacité visuelle de l'auteur. Son œil gauche, devenu exorbité et énorme sous la forme de l'objectif photographique, focalise sur nous l'énergie de son pouvoir de voir, dont le caractère incisif est aussi exprimé, métaphoriquement, par la stricte rectitude du viseur. L'objectif majore jusqu'à l'excès la possibilité du voir. Le viseur, associé à la pupille du photographe restée visible, enferme celui qu'il objective dans les murs clos de son armature.

Cette sensation d'enfermement est renforcée par le dédoublement interne du viseur qui, sous la forme de deux rectangles s'emboîtant, encadre du plus près possible l'œil d'Umbo. Transfiguré en cadre dans l'image, d'autant plus facilement que sa forme verticale répète celle du (véritable) cadre de l'image, le (double) viseur rephotographie l'œil et l'indique comme sujet principal de la représentation. Dans le même temps, il lui insuffle un mouvement centrifuge qui tend à le substituer au champ intégral de l'image et, même, à lui en faire déborder les limites.

Si les peintres du XVIIe siècle privilégiaient, dans leurs autoportraits, le thème du «scénario de production» ou «scénario poïétique»[1], l'autoportrait photographique paraît, d'ores et déjà, traduire quant à lui l'«hyper-capacité» du voir dont témoigne son auteur.

De cette photographie et de l'ensemble des autoportraits dans lequel elle s'insère, je voudrais rapprocher une image d'Andreas Feininger que l'artiste a intitulée: *The Photojournalist, 1955*. Aucun spectateur ne manquera d'être troublé, voire dérangé, par le regard que Feininger a porté sur sa pratique en 1955.

Ce qui dérange dans ce «portrait», c'est l'importance que l'appareillage technique y a prise. Grâce à un traitement expressionniste de l'ombre, il métamorphose le visage du photographe jusqu'à lui voler son identité reconnaissable. Ensuite, la qualité de l'image, qui, soulignons-le, n'est pas un autoportrait, est relative à son écriture minutieuse: comme dans l'autoportrait d'Umbo, les deux optiques photographiques – un viseur et un

1. Cf. Victor I. STOICHITA, *op. cit.*, p. 246.

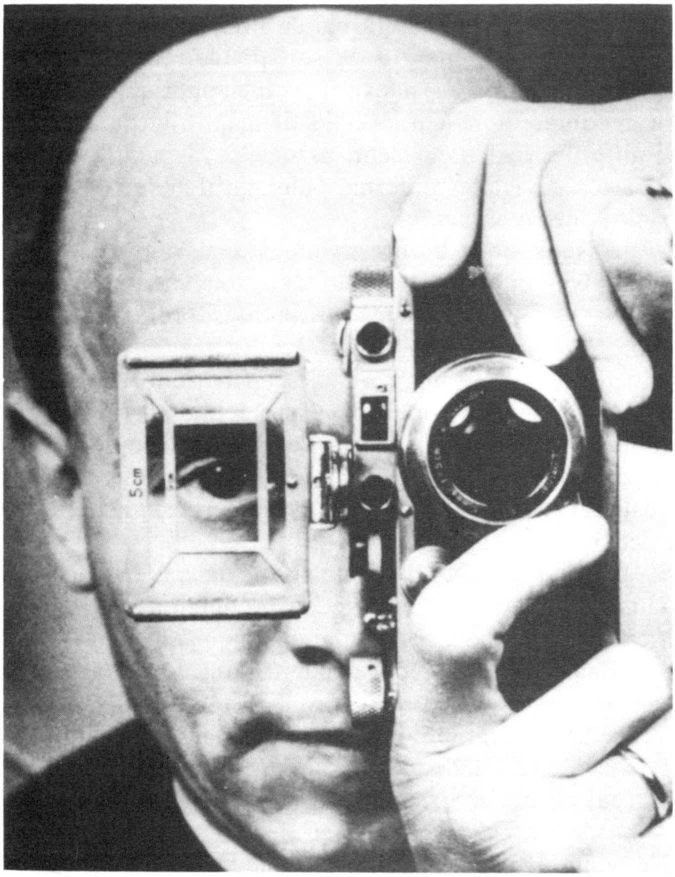

Umbo, *Autoportrait*, 1948.
Galerie Rudolf Kicken and Phyllis Umbehr.

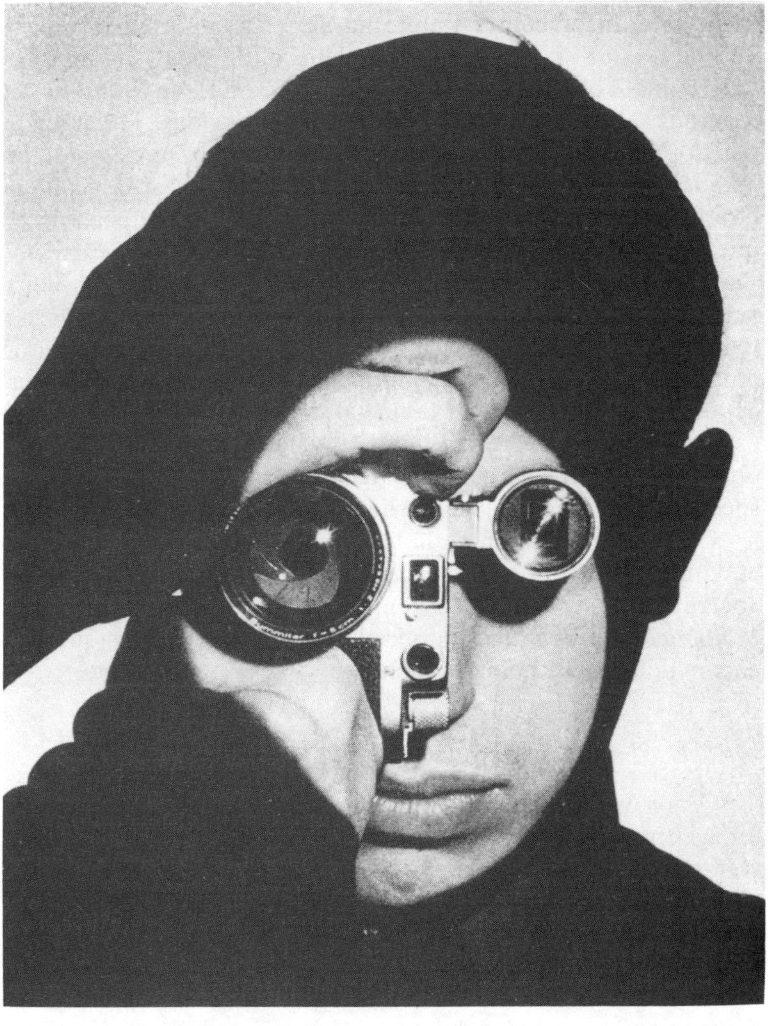

Andreas Feininger, *The Photojournalist, 1955*. Droits réservés.

objectif – ont été parfaitement appliquées sur les deux yeux. Comme chez Umbo, également, le corps supérieur de l'appareil vient se coincer contre l'arête nasale et transforme la moitié gauche du nez en un système de pleins et de vides susceptibles d'être lus comme un emboîtement de vis, de boulons et d'écrous. Dans le bas du visage, la main estompe le caractère par trop charnel de la bouche. L'ensemble, dont on remarquera la quasi-bipartition droite-gauche, chair-métal, est devenu un être hybride dont les restes humains sont ressaisis au sein de ce que l'on reconnaît, désormais, comme une grande *machine*. Parce qu'à la différence de l'œuvre d'Umbo, aucun des deux yeux, ici, n'est plus visible. Manipulation expressive qui favorise leur «naturelle» transformation en deux optiques photographiques. Les yeux du photojournaliste sont métamorphosés en cet assemblage de verre et de métal dont le pouvoir fonctionnel est encore renforcé par la non équivalence de taille des deux optiques. L'«œil» de gauche exige impérativement le regard du spectateur. Il troue l'image, devient l'image, déborde l'image.

Or, cette ostentation de la technique chez Andreas Feininger et Umbo redistribue aussi radicalement, comme on va s'en apercevoir, les données du genre de l'autoportrait. L'étude du *Panopticon* de Bentham fournira les clés interprétatives qui font encore défaut à ce point de l'analyse.

Economie et technologie politiques des corps chez Foucault

Qu'on veuille bien se représenter un édifice conçu comme un agencement de cercles s'emboîtant les uns dans les autres et s'étageant les uns au-dessus des autres. Dans les cercles extérieurs, ceux qui donnent sur le dehors, on a distribué une multitude de cellules qui convergent comme autant de rayons vers un centre donné comme idéal. Se dresse, en ce centre, un habitacle percé d'ouvertures: le siège du pouvoir. Subtilité de l'invention: les percées du mur extérieur – pour chaque cellule, une fenêtre – déterminent un contre-jour où vient se découper le corps du condamné alors que la tour centrale, elle, est conçue dans les termes d'une opacité impénétrable. A l'invisibilité calculée du pouvoir répond la visibilité maximale des corps à contrôler. Tel est le principe du *Panopticon*, prison modèle dont

Jeremy Bentham dressa les plans en 1791, figure clé, emblématique, retenue par Michel Foucault dans *Surveiller et punir*[1].

L'ingénieuse architecture détermine une économie de moyens incontestable, car l'efficacité de l'édifice en matière de surveillance permet de diminuer considérablement le nombre de gardiens. Adieu lourdes portes qu'on entravait de chaînes ! L'application rigoureuse des exigences du voir – droites et cercles qu'aucun obstacle ne vient perturber – et la parfaite visibilité des corps qui en résulte permettent au pouvoir de tendre à sa quasi-incorporéité.

L'invention architecturale de Bentham autorise également une économie de temps. Par son agencement subtil, le principe panoptique permet aux instances du pouvoir de se déplacer peu et bien. On évolue dans des galeries dénuées de quelque recoin que ce soit, susceptible de générer une ombre. Et d'ombre, justement, on n'en veut plus. A l'obscurité froide des cachots d'autrefois, aux dédales sans fin qui y menaient, on préfère désormais la lumière qui assure la pleine clarté de la chose. Mais en définitive, le meilleur moyen de contrôler le *Panopticon*, c'est encore par le déplacement des yeux. La vision de ces cellules, s'étageant les unes au-dessus des autres, se répétant les unes à côté des autres, c'est comme la lecture d'un tableau clair et précis. Un tableau des répartitions qui commande simplement de déposer le bon objet dans la case adéquate. C'est simple, et surtout, c'est efficace. Quelle belle invention que ce *Panopticon* ! Il faudra le mentionner dans « l'histoire de l'esprit humain », dira Julius[2]. Cette belle invention, c'est surtout la capacité d'exercer une prise de pouvoir sur les corps par le biais du regard.

Dans *Surveiller et punir*, Michel Foucault a retracé une histoire de la pénalité saisie à travers le concept d'une *économie politique des corps*. Sans entrer dans le détail, je rappelle la teneur de ce concept.

Foucault se penche sur une *microphysique du pouvoir* susceptible de révéler ces relations de force qui s'emparent des

1. Michel FOUCAULT, *Surveiller et punir*, Gallimard, 1975. Le plan du *Panopticon* se trouve à la planche 17.

2. N.H. JULIUS, *Leçons sur les prisons*, trad. française, 1831, I, p. 384-386, cité par Michel FOUCAULT, *op. cit.*, p. 252.

corps pour les réduire à l'état d'entités productives et les jettent d'emblée dans le champ politique. Son analyse démontre le caractère indispensable des entités corporelles pour l'exercice du pouvoir quel qu'il soit, même lorsque son but – comme c'est le cas dans l'Ancien Régime – s'identifie à la pure surenchère de lui-même. Car le corps de ses sujets est l'un des instruments majeurs par lequel le monarque manifeste sa force : corps vaincu, corps brisé du supplicié, laissé comme trace d'un excès de pouvoir.

Economie politique des corps, donc, variant en mesure d'une *technologie politique* associée qui invente les techniques nécessaires pour la maîtrise et la connaissance des corps. Techniques, manœuvres, stratégies, c'est dire que le pouvoir chez Foucault « s'exerce plutôt qu'il ne se possède » [1] et ne se définit jamais dans les termes d'une propriété inaliénable. Car le pouvoir, pour exister, doit toujours reconduire ses tactiques sur les corps qui, sans le savoir, participent à son œuvre.

Microphysique du pouvoir, parce qu'on ne décèlera pas cette manipulation politique des corps dans un organe étatique spécifique ou une institution quelconque bien qu'elle les serve et compte sur eux ; on ne la démasquera pas, non plus, dans les choix éthiques qui prévalent au sein d'une société donnée, bien qu'ils en constituent son arrière-fond et ses limites. Il faudra plutôt interroger les relations qui se tissent *entre* le pouvoir et les corps et qui font que l'ensemble « tient », saisi dans un réseau de relations fines et vibrantes. C'est souvent à la loupe et dans l'ombre des grands discours que l'on détecte la *technologie politique des corps*.

Dans l'Ancien Régime, le pouvoir, concentré tout entier en la main du monarque, s'exerce sur le corps condamné en lui infligeant une marque. C'est toute la panoplie des supplices avec leur gradation réfléchie et leur système de « justification » personnelle qui est ici à l'œuvre. Dans le supplice devenu cérémonie, lequel vient achever le parcours déjà douloureux de l'interrogatoire, le pouvoir impose sa marque comme signature d'un rituel qui le redétermine. Pour le pouvoir du despote, il s'agit, avant tout, de s'exhiber, de se constituer en un spectacle

1. Michel FOUCAULT, *op. cit.*, p. 34.

de fastes et d'horreurs; d'indiquer, en somme, qu'il prend sa source dans l'excès même. Car cet excès, c'est cela, paradoxalement, qui le justifie. Les corps des suppliciés dont le châtiment se poursuit au-delà de la mort elle-même – corps découpés, brûlés et dispersés – ces corps, donc, sont les preuves d'une dissymétrie fondatrice.

A ces spectacles jugés sinistres aujourd'hui, on convie le peuple car dans cette technologie politique le secret du châtiment n'aurait pas sa raison d'être. Comme manifestation dispendieuse du pouvoir, le spectacle de la peine répond au secret de la procédure judiciaire. Et dans l'espoir de fonder définitivement cet appareil de justice, on prie le condamné de se condamner lui-même. Il ne suffit pas qu'il souffre et qu'il meure, il faut encore qu'il reconnaisse haut et fort la légitimité du châtiment qui le frappe et, par là, celle du pouvoir qui le sanctionne. Paradoxe de l'horreur où le condamné avant la souffrance lui reconnaît son droit.

Convier le peuple à ces victoires sanglantes, c'est donc réaffirmer par l'excès l'irréductibilité du pouvoir et le déséquilibre total des forces qui s'y jouent, l'ensemble tendant à prouver le caractère vain et, surtout, infondé de la révolte.

A cette pénalité de la démesure, les réformateurs de la fin du XVIIIe siècle en opposèrent une autre qu'ils voulurent modérée et adaptée aux délits. Bannir ces bains de sang – ou du moins les limiter – et tendre ainsi à dissoudre un lieu propice à la révolte, ce fut là, très vite, l'un de leurs souhaits communs. C'était en effet, dit Foucault, un jeu dangereux pour le pouvoir que de se réactiver toujours dans le souvenir de la blessure, car le peuple savait bien, en somme, que sa place, un jour, aurait pu être celle du supplicié. Se met au point, alors, une pénalité, étrange pour nous, toute *en images et en représentations.*

La nouvelle pénalité s'oppose à la concentration de la loi dans quelques mains privilégiées dont les désaccords et les oppositions incessantes suscitent, paradoxalement, des lacunes jugées intolérables. Contre la discontinuité et l'irrégularité, la démesure et la vacuité, le système réformé veut répondre aux principes de la cohérence, de l'homogénéité et de la certitude des peines. Cet objectif impose une redistribution des circuits le long desquels s'exerce la justice afin d'irriguer le corps social entier de ses effets. Ensuite, on s'appliquera à rendre les lois publiques. Voilà venu le terme de l'ombre des procédures secrètes.

L'intention des réformateurs réside dans la tentative de mise en œuvre d'un système d'appariement associant, sans exception, le délit spécifique à la peine spécifiée. On commencera par dresser une liste la plus exhaustive possible des crimes et des délits. Ensuite, à chacun d'eux, et comme en un système vectoriel, on fera correspondre la peine, laquelle devra apparaître comme la plus naturelle qui soit grâce à sa détermination analogique. Or, si, par ces analogies, le nouvel appareil pénal parfois ressemble à s'y méprendre à celui auquel il entend se substituer[1], la mécanique qui y est en jeu est cependant tout autre car c'est dans l'esprit de tous que ce « principe de communication symbolique »[2] doit jouer. Autrement dit, on attend un effet de la *représentation* de la peine beaucoup plus que de la peine elle-même laquelle est conçue comme un *signe* où doit transparaître le délit qui la motive. Composition binaire parfaite, système de paires se répondant l'une l'autre, la pénalité réformée doit agir préventivement *par l'image.*

Le condamné qui cassera des cailloux sur les routes de France paiera, bien sûr, pour le crime qu'il a commis. Mais il sera aussi, directement, l'élément d'un code, l'instrument d'une « *sémio-technique* »[3]. Le forçat devient l'image vivante qui réactive le *Code* pour la conscience aiguillonnée dont l'imagination, mise en éveil par la vue de la peine, associe automatiquement à celle-ci le délit sanctionné. Et comme cette association imagée ne saurait se faire que par un sentiment de déplaisir, on espère substituer à l'avantage entrevu du crime, le désavantage du châtiment[4]. Dans la peine rendue publique, ce qui s'effectue donc, c'est un recodage permanent du *Code*. Mais, ce qui s'opère aussi, ici, c'est la reformation du corps

1. Car « l'amende punira la concussion et l'usure ; la confiscation punira le vol ; l'humiliation les délits de 'vaine gloire' ; la mort, l'assassinat ; le bûcher, l'incendie », Michel FOUCAULT, *op. cit.*, p. 124.

2. *Ibid.*, p. 125.

3. *Ibid.*, p. 112.

4. Pour que le système fonctionne, il faut évidemment que le désavantage de la peine soit supérieur à l'intérêt qui motivait le crime.

social lui-même qui se re-constitue à travers la vision de celui qui a trahi le pacte. Dans la «cité punitive», constellée de petits tableaux vivants et signifiants, la fonction de punir est devenue coextensive à la société tout entière et toute la société participe, par son regard, à la punition.

Le Panopticon*: son principe*

Quel rapport entre le projet de Bentham, le beau *Panopticon*, et cette pénalité toute en imagination et en inventions ? Ou plutôt, quel rapport entre une pénalité qui rompt les liens avec le social et une pénalité qui ne fonctionne que par la divulgation permanente, au cœur même du social, de ses effets ? Hormis leur commune visée préventive, leur investissement dans une *transformation* du condamné [1], les deux régimes pénaux témoignent de deux technologies de pouvoir distinctes. En une vingtaine d'années, sinon plus rapidement, le grand appareil des peines est passé à la trappe pour s'être vu substituer la froide monotonie des prisons. Plutôt qu'un essai de reconstitution du sujet de droit par la peine, on a dès lors privilégié une technique de manipulation censée inscrire l'autorité *dans* l'individu. D'un système de châtiments éminemment corporels, celui de l'Ancien Régime, on est passé, presque sans transition, à l'*incorporéité* du pouvoir et de ses applications.

La prison, grande *machine* à transformer l'individu, est pensée dans les termes d'une «orthopédie concertée» [2] dès les débuts de sa généralisation comme exercice de la peine. Par quelle économie ? En s'assurant de l'isolement radical de l'individu pour avoir pleine emprise sur lui ; en le contraignant par un emploi du temps minutieux qui marque chaque moment de son existence du sceau de l'autorité ; en circonscrivant le «patient» par un diagnostic permanent qui, d'étape en étape, entend indiquer l'évolution – ou la stagnation – de celui-ci. Pouvoir incorporel, donc, qui ne transparaît plus qu'au travers de relations strictement hiérarchiques – toujours verticales

1. Dans la pénalité des réformateurs de la fin du XVIIIe, c'est cependant tout autant, sinon plus, le corps social innocent qui est principalement visé par la *sémiotechnique*.

2. Michel FOUCAULT, *op. cit.*, p. 154.

jamais horizontales –, il s'incarne dans son exercice plutôt que dans un être, dans sa structure plutôt que dans un corps palpable. Pouvoir sachant ingénieusement se faire oublier comme entité visible, il ne s'en rend pas moins omniprésent par la contrainte *mentale* qu'il exerce sur ses sujets. Stratégie qui lui permet d'éviter la fragilité du corps du despote susceptible d'être abattu.

Ainsi en va-t-il dans le *Panopticon*. Car qu'est-ce que le *Panopticon*, sinon une gigantesque *machine à voir*? Le *Panopticon*, c'est l'instrument et la *figure d'un pouvoir* qui n'existe plus que dans l'immatérialité impersonnelle de sa structure. Son principe réside dans la transformation de l'exercice du pouvoir dispendieux en une mécanique dont le prisonnier lui-même détermine les actes principaux. Bentham savait ce qu'il faisait en imaginant un univers cellulaire, individuel et individualisant. Ses murs, qui enclosent l'individu, bannissent les dangereux agrégats en offrant une répartition claire de la masse. Devenu simple rouage d'un système dont l'architectonique lui rappelle les principes, le condamné – l'enfant, l'ouvrier – devient la chose vue et la chose à voir. C'est à ce point nommé que le dispositif architectural de l'édifice lui vient en aide pour offrir à l'exercice du regard le plus de latitude possible. Pure *objectivation* de l'homme que produit le *Panopticon* s'ingéniant subtilement à rendre visible pour connaître; pour contrôler, vérifier, dresser; pour pouvoir établir des bilans et des rapports; pour s'assurer du bon entretien de la machine. Enfin, pour démultiplier la présence du pouvoir qui, rendu incorporel, resurgit partout. Il suinte le long des murs, se projette dans la trop claire visibilité des plans, objective l'individu en l'emprisonnant dans la transparence de ses matériaux. Il est ce «regard sans visage»[1], lui qui se dissimule derrière le lieu même de son apparition.

Cette technique d'appropriation des corps qui porte à son comble les tactiques des *disciplines*, Foucault a choisi de la présenter comme une économie dont le caractère mécanique interdit radicalement le surgissement de la moindre faille. La prison est une mécanique dont les hommes effectuent les

1. *Ibid.*, p. 249.

mouvements. Ainsi de l'investissement du temps: exercices répétés, scansions inlassables des mêmes gestes qui doivent rendre au détenu le goût de la *normalité* parce que la discipline plie le corps du condamné, contraint son esprit à la régularité. Bref, plutôt que de s'employer à provoquer le libre choix dans le chef de son sujet, le pouvoir disciplinaire «machine» celui sur qui il s'applique. C'est pourquoi la prison-machine donne naissance à l'individu-machine qui reconduit en son for intérieur le principe d'une surveillance omniprésente et de l'autorité qui la régit. Utiliser comme ouvrier principal d'elles-mêmes ceux qu'elles cherchent à assujettir, n'est-ce pas là le propre des *disciplines*? Ces techniques minutieuses, en effet, majorent les effets de la fonction qu'elles investissent en intensifiant la capacité productive de l'individu tout en diminuant son *pouvoir politique*. Voilà où s'enracine la stratégie du *Panopticon*: faire travailler les prisonniers eux-mêmes à leur propre surveillance. A quoi participe, évidemment, l'invisibilité du pouvoir, condition *sine qua non* pour créer, chez tous, la conscience de leur visibilité potentielle. Le *Panopticon*? Une machinerie générale qui produit du pouvoir anonyme parce qu'en perpétuel relais et dont le regard est le principal médiateur. Etre vu sans pouvoir voir, «voir sans être vu», voilà en quoi résidait l'astucieuse invention de l'architecte anglais.

La problématique du voir comme centre de la représentation

L'importance accordée à la problématique du voir indique un dénominateur commun des plus frappants entre le *Panopticon* de Bentham et la photographie de Feininger. Feininger, comme Bentham, construit son œuvre à partir et autour de l'axe du voir. Non seulement par le fait d'un «visage» enregistré de face et parfaitement centré dans l'image, mais aussi par l'utilisation de l'appareil photographique – lui-même, soulignons-le, image du voir – comme intensificateur de la fonction visuelle, métamorphosant le protagoniste de la photographie en une pulsion anonyme qui s'épuise et se reconnaît comme *pure vision*. Une lente mais irrémédiable objectivation du spectateur s'effectue face à ce corps-objet qui le fixe depuis son absolue centralité et, qu'*a fortiori*, il regarde… Une image qui se révèle, donc, comme une ingénieuse et captivante redondance d'elle-même à partir de la thématique du voir ressentie comme fonction objectivante et à laquelle renvoie l'acte de Feininger, lui-même. Désormais, c'est tout autour de nous que se déploie l'opération du voir, nous qui sommes enfermés par le geste du photojournaliste auquel répond celui, symétrique, de Feininger.

Or, ce traitement exponentiel du voir chez Jeremy Bentham et Andreas Feininger est à rapprocher d'un troisième objet: l'apparition de ces *disciplines*, dont on aura perçu l'importance dans la mécanique du *Panopticon*, au cours des XVIIe et XVIIIe siècles. Car les disciplines [1], elles non plus, ne peuvent se passer d'un investissement très étudié des formes du voir. Définies par Foucault comme cet ensemble de techniques d'assujettissement des corps qui visent à y établir un rapport de docilité-utilité, les disciplines répondent à la difficile question de savoir comment soumettre les corps sans pour autant qu'ils n'en deviennent passifs. Et encore: comment s'y prendre pour que l'essentiel de leurs forces soit automatiquement réinvesti au bénéfice de la fonction à l'intérieur de laquelle ils s'insèrent? [2]. Dans la société disciplinaire, le corps est mesuré à l'aune de son utilité dans la grande machine de la Production. Voilà pourquoi les disciplines capturent le sujet dans un réseau extrêmement dense d'obligations, de contraintes et de surveillance; investissent son espace de travail, son utilisation du temps, la gestion de sa vie; lui apprennent comment donner à son corps l'efficace d'une machine et comment le souder à la machine pour le réinventer comme corps-objet. Ainsi du *corps photographique* de Feininger. Morcelé par l'ombre, recomposé par la lumière, il est transfiguré en une anatomie mixte dont les organes et les membres ont été soudés aux instruments de la technique visuelle. En fractionnant le geste en autant de séquences constitutives du mouvement, la discipline détaille le corps comme elle démonte la machine et peut, à loisir, le remonter ensuite en un ensemble devenu composite.

1. Terme que j'utilise désormais dans son acception foucaldienne.

2. La fonction est de *production* au sens large: production de biens, de savoir, de santé.

Les tactiques disciplinaires pratiquent, de surcroît, une codification de l'espace qu'elles surdéterminent en champs légitime et illégitime par le moyen de la clôture. De ce périmètre clos, défini, elles quadrillent ensuite la surface pour en produire une très stricte parcellisation. A la multiplicité grouillante, informe – inutilisable surtout – on oppose la très stricte distribution. Les disciplines fixent les hommes dans des cases et régissent les circulations sur des axes. Cette réappropriation de l'espace par le pouvoir s'achève dans la conversion de l'espace inerte en un espace utile, manipulation essentielle, qui va permettre la *division du travail.*

Cette annexion systématique de l'espace n'a de sens, évidemment, qu'en rapport à la très haute possibilité de surveillance qu'elle permet – et même, oblige – ou, pour reprendre les termes de Foucault, elle est en connexion intime avec le *regard hiérarchique.* Quel meilleur moyen, en effet, pour contrôler les masses, que d'en produire une parfaite objectivation en isolant, d'abord, les singularités qui les constituent ? Or, si des murs isolent parfaitement les sujets (comme c'est le cas dans le *Panopticon*), le jeu d'un regard savamment élaboré qui tresse entre les individus un continuum de surveillance s'avère tout aussi efficace en la matière. Capturé dans les mailles d'une trame de regards qui s'emboîtent et se répartissent le long des pentes de la structure hiérarchisante, l'entité moderne que nous nommons « individu » se détermine, pour Foucault, comme l'« effet et l'objet d'un pouvoir, l'effet et l'objet d'un savoir ».

Dans cette mesure, l'opérateur de Feininger, figé dans une exacte centralité, représente, tout à la fois, la tête du pouvoir (le corps du Surveillant en chef du *Panopticon*) et l'*opération mentale* d'auto-contrôle que reconduit l'âme du condamné. La photographie passe ainsi du corps figuré à la représentation de l'*abstraction* d'un fait psychique : cette attitude mentale d'auto-objectivation par laquelle le détenu s'assujettit lui-même. « L'âme prison du corps », disait Foucault[1]. Enfin, dans une troisième hypostase, l'image de Feininger incarne le principe du *Panopticon* : pouvoir dissimulé derrière son propre corps, plus

1. Michel FOUCAULT, *op. cit.*, p 38.

présent par la visibilité qu'il produit de nous-mêmes que par la réalité de son être. En somme, spectral, fantomatique. Ne ressentons-nous pas un étrange malaise lorsque la contemplation du *Photojournaliste* se fait trop insistante ? On aurait presque envie de détourner la tête.

De ces différentes interprétations de l'image, il semble opportun de conclure que, plutôt qu'un corps, c'est un principe qu'elle représente : une façon de se servir du voir, celle de la photographie *entendue comme pratique*, pour produire une objectivation radicale de ce qui est visé[1]. Si proche par sa mise en scène de l'autoportrait d'Umbo et du corpus d'images qui s'y rapportent, le *Photojournaliste* de Feininger radicalise un discours que Umbo, dans une certaine mesure, n'a fait qu'ébaucher. Rompant le dernier lien qui le rattachait encore à la tradition picturale classique de l'autoportrait grâce à la transformation de la représentation du producteur d'images en l'énergie d'un pur regard, Feininger attire jusqu'à lui, au sein d'une même visée interprétative possible, l'ensemble de ces autoportraits « type Umbo ». Et dans le même mouvement, il rappelle que le genre de l'autoportrait fut, lui aussi, totalement réinventé par rapport à son ancienne détermination.

La photographie comme pure pratique disciplinaire

Par delà l'image qui nous a retenu jusqu'ici, peut-on envisager « la photographie », la pratique photographique, à travers la grille conceptuelle des pratiques disciplinaires ? Quittons un temps le champ de sa production esthétique, dans laquelle s'inscrit Feininger, et penchons-nous, brièvement, sur ses *applications sociales*. Plus particulièrement intéressons-nous à son utilisation par l'appareil judiciaire.

Dès ses débuts, comme on le sait, la photographie se trouva engagée dans des pratiques scientifiques qui utilisèrent à leur compte son caractère d'empreinte. Tel fut le cas du corps judiciaire qui investit le procédé photographique dès 1840 pour

1. La bipolarité de l'image photographique, qui renvoie à une subjectivité opérante (la vision émettrice) tout en utilisant le regard comme fonction objectivante, ne peut, dans l'espace du présent article, qu'être relevée et fera l'objet d'une prochaine étude.

établir et conserver l'identité des criminels[1]. On imagine sans peine les difficultés pratiques que cet art particulier du «portrait forcé» devait poser aux daguerréotypistes! Pour nous, qui sommes devenus curieux de ces premières images, il y a un paradoxe à découvrir aujourd'hui ces criminels immortalisés dans des écrins d'argent... Mais les premières heures de gloire des applications de la photographie à la criminalité surgissent en 1871 lors de l'épisode sanglant de la Commune de Paris quand, pour la première fois, la photographie participe à la répression massive en permettant l'identification des communards qui, naïfs, s'étaient fièrement fait photographier aux jours de la révolte. Au même moment, Eugène Appert réalise une approche *systématique* des criminels de Versailles qui servira abondamment les fichiers de police[2]. Encore mal gérée, cependant, la photographie demeure peu conciliante envers les objectifs de la répression criminelle jusqu'aux années 1880, date à laquelle Alphonse Bertillon introduit sa grande réforme dans le Service de l'identité judiciaire.

Pour apprécier à quel point les pratiques disciplinaires s'expriment dans le «bertillonnage» – c'est ainsi qu'on l'appela –, il ne faut pas dissimuler le fait que la photographie, dans le fond, n'en constitue qu'un des volets. L'objectif de Bertillon consiste à s'attaquer au problème des récidivistes en introduisant le système des *mesures anthropométriques* en vue de l'établissement de l'identité judiciaire. Bertillon enferme le prévenu dans une quadruple détermination: relevé des mesures anthropométriques (12 mesures distinctes), «portrait parlé» (description langagière codée), signalement des marques particulières telles que cicatrices, grains de beauté, etc. En 1893, il parachève son œuvre d'identification en lui annexant la notation de l'«impression générale», soit les indications «de la race, de la nationalité et des antécédents sociaux: éducation, instruction, profession». Ainsi, on notera mais «sous la forme dubitative: a l'apparence d'un garçon de ferme, d'un déclassé;

1. Cf. l'étude que Christian PHELINE a consacrée aux applications judiciaires de la photographie et dans laquelle l'auteur fait explicitement référence à Michel Foucault: Christian PHELINE, *L'image accusatrice*, Brax, Les Cahiers de la Photographie, L'Association de Critique Contemporaine en Photographie, n° 17, 1985.

2. Cette opération d'enregistrement n'a apparemment fait l'objet d'aucune commande officielle. Cf. *Ibid.*, p. 31.

paraît avoir l'habitude de la vie de prison...[1]». Bertillon savait parfois mettre des gants... Mais la photographie, elle, est annexée directement dans le système d'identification sous la forme du portrait de face et de profil. Dans un but d'efficacité, d'ailleurs, les informations individuelles sont rapportées directement sur le tirage photographique dès le début de la grande offensive bertillonnienne. Quatre facettes, donc, pour emprisonner l'individu dans sa propre identité réfractaire. Comme instruments de surveillance, les registres de Bertillon participent de cette mécanique qui favorise l'accroissement du pouvoir par un accroissement de savoir, lequel vient à son tour, en retour, accroître le pouvoir. Opération circulaire que Michel Foucault a rattachée à l'aspect *technologique* des disciplines.

Comment faire servir la propension bavarde de la photographie à la tâche disciplinaire? Bertillon y répond par la mise au point d'une prise de vue systématique, uniforme et se voulant entièrement contrôlée. Il s'agit de déterminer comme des constantes, les angles de prises de vue (face et profil), la lumière et l'éloignement par rapport au sujet. Cadrer toujours de même en ayant soin de bannir de la représentation les avant-bras et les mains, susceptibles d'introduire diverses perturbations. De surcroît, il ne faudra pas hésiter à éblouir le sujet par le moyen d'un afflux exagéré de lumière qui provoquera le «rictus physionomiste»[2] que Bertillon trouvait si propice à caractériser son sujet. Il n'est jusqu'à la chaise sur laquelle on fait asseoir le détenu qui n'ait été spécialement conçue pour l'occasion et qu'un dispositif mécanique permet de faire pivoter sur elle-même pour réaliser le profil sans que le portraituré doive se mouvoir. Cette systématisation de la prise de vue s'appliquera très vite, aussi, à la photographie dite ethnographique pour laquelle Bertillon lui-même proposa quelques conseils[3]. Mais cette pratique, déjà en soi très «zoologique», va

1. Alphonse BERTILLON, *Identification anthropométrique, Instructions signalétiques*, nouvelle édition avec *Album*, Melun, Imprimerie administrative, 1893, p. 106, cité par Christian PHELINE, *op. cit.*, p. 71.

2. Christian PHELINE, *op. cit.*, p 101.

3. Alphonse BERTILLON, *Anthropométrie métrique, conseils pratiques aux missionnaires scientifiques sur la manière de mesurer, de photographier, et de décrire les sujets vivants et les pièces anatomiques*, en collaboration avec le Dr A. CHEVRON, Paris, Imprimerie nationale, 1909.

trouver avec les albums illustrés de Cesare Lombroso, Francis Galton et Bertillon son plein épanouissement.

Car le genre «photographies de criminels» a été investi, presque simultanément, par deux instances: le corps policier et les criminologues, eux-mêmes tributaires de théories héréditaristes en matière de délinquance et anomalies de toutes sortes. Tenant pour certain que la criminalité se traduit par un fait d'ordre biologique, Lombroso trace un portrait robot du «criminel type» que je ne résiste pas à mentionner tel quel: «Les oreilles écartées, les cheveux abondants, la barbe rare, les sinus frontaux et les mâchoires énormes, le menton carré et saillant, les pommettes larges, les gestes fréquents, en somme un type ressemblant au mongol et parfois au nègre»[1]. On croirait voir surgir le mauvais dans un film muet de Charlie Chaplin.

Lombroso, lui, considère sa théorie avec le plus de sérieux possible. En France, Gabriel Tarde défend fermement l'idée d'un «physique de l'emploi» dont il faudra tenir compte pour l'établissement du coupable «à titre d'indice (...) mais d'indice seulement»[2]. Cet investissement dans une théorie déterministe de l'anatomie conduit inévitablement nos criminologues à dresser de grands tableaux – *Atlas* illustré accompagnant *L'Homme criminel* de Lombroso, par exemple – qui regroupent sur une même planche la multiplicité systématisée des portraits de criminels. Pour Lombroso, cette comparaison des visages est censée procurer la connaissance du «type»; mais il n'y a là, pour nous, qu'une juxtaposition de singularités.

L'utilisation de la photographie comme pur instrument d'une pratique disciplinaire se manifeste clairement dans ces tableaux comparatifs, même si, il faut le souligner[3], Bertillon et les criminologues poursuivaient dans cet exercice des buts distincts. Préside à ces recueils d'identification la technique de l'*examen* que Michel Foucault a envisagée comme cette relation au corps unissant dans un même acte d'objectivation le *regard hiérarchique* à la *sanction normalisatrice*[4]. Dans le cas des

1. Cesare LOMBROSO, *L'homme criminel*, éd. 1895, t. I, p. 222, cité par Christian PHELINE, *op. cit.*, p 53.

2. Gabriel TARDE, *La criminalité comparée*, Paris, Félix Alcan, 2e éd., 1890, p. 77, cité par Christian PHELINE, *op. cit.*, p. 58-59.

3. Comme le fait, d'ailleurs, Christian PHELINE.

4. Michel FOUCAULT, *op. cit.*, p. 217 et sq.

condamnés qu'on définit, dès le départ, comme *hors-norme*, celle-ci va toutefois assumer parfaitement son rôle d'instance valorisante : les « déclassés » sont considérés comme s'éloignant plus ou moins de la normalité grâce à la minutieuse observation de leurs particularités physiques qui sont traduites en pourcentages savamment calculés. Posés, ensuite, dans l'hyper-visibilité de leur identité, les criminels sont ramenés tantôt au « type » – chez les criminologues – tantôt laissés à leurs singularités appréciées telles quelles – chez Bertillon. Mais dans chacune des deux modalités examinatoires, ils sont étiquetés, classés et répertoriés comme autant de *cas*, ces sujets-objets que Foucault disait circonscrits dans leur singularité – accroissement de savoir – et, pourtant, en même temps, susceptibles d'être repris dans des phénomènes généraux – accroissement de pouvoir.

Aussi ne partagerais-je pas entièrement l'opinion de Christian Phéline qui voit dans l'acte photographique judiciaire « la suite des rites et des supplices corporels de la vieille justice » et « l'équivalent *mineur* du cérémonial public où l'exposition du corps criminel venait porter au plein jour l'horreur conjuguée de la faute et de son châtiment »[1]. La photographie d'identification et l'ensemble des principes qui lui sont liés manifestent, au contraire, le fait *majeur* de la capture radicale du corps par une technologie censée le vider de sa substance politique au moyen d'une contrainte d'ordre plus psychique que physique. Cependant, en accord avec Phéline, je conçois qu'elle est le « premier acte punitif du rituel pénal »[2]. Par ailleurs, et comme le souligne l'auteur, la photographie judiciaire a pu (et peut encore) servir à rendre manifestes les effets du pouvoir dans la divulgation ostentatoire des corps capturés et – dans certains cas – bientôt éliminés[3]. Pratique où elle s'associe, effectivement, à la stratégie du corps marqué et abandonné tel quel comme signature du pouvoir.

1. Christian PHELINE, *op. cit.*, p. 109. C'est moi qui souligne.
2. *Ibid.*, p. 109.
3. Je pense tout particulièrement à la divulgation au XIXe siècle des portraits de condamnés que le public découvrait « dans des publications illustrées et dans les lanternes magiques installées sur... [les] voies publiques ». Cf. Gustave MACE, *Mon musée criminel*, Paris, G. Charpentier, 1890, cité par Christian PHELINE, *op. cit.*, p. 59.

La photographie comme discours métaphorique

A côté de cette photographie considérée comme pur instrument des disciplines, il est urgent d'en mentionner une autre qui constitue, en quelque sorte, l'exacte contradiction de la première. Il s'agit de ce corpus d'images qui fit sienne, dès les premiers pas de la photographie, la thématique du voir. Infinie rhétorique du regard qui dissimule l'œil pour mieux le divulguer ensuite grâce à l'utilisation des instruments optiques – lunettes, jumelles, objectif, chambre noire, tous intensificateurs de la capacité visuelle et, donc, la soulignant – comme autant d'artifices théâtraux instituant une scène. On songe aux inoubliables portraits de la comtesse de Castiglione réalisés par Pierson vers 1860. Est-il permis d'envisager ces images sous l'angle d'une portée ludique? Certainement. On sourit, on s'amuse, on apprécie l'intelligence d'un jeu abyssal où la vision mène la danse. Dans la représentation théâtrale des appareils du voir, le spectateur discerne, rapidement, le principe d'une parodie moqueuse.

Il peut paraître hardi de considérer la photographie comme une fille légitime des disciplines[1]. Et pourtant.

Le processus de fabrication de la photographie impose des étapes successives – prise de vue, développement du négatif, tirage – jusque dans le moment d'apparition de l'image qui s'organise, comme on sait, autour du principe de l'image latente révélée puis fixée par différents bains chimiques. Elle est donc, pour sa part, entièrement tributaire d'un découpage spatio-temporel rigoureux rappelant l'économie de la division du travail. Relative également à l'investissement maximalisant l'instant, elle apparaît, dans son concept même, parfaitement compréhensible dans les termes d'une utilisation disciplinaire de l'espace et du temps. Car il en va de l'espace comme il en va du temps: le photographe le sait bien, lui qui découpe, choisit, écarte; établit une *hiérarchie de valeurs* au sein du réel qu'il capture. Cependant, si cette compréhension de la photographie nous agrée, force est de constater, images à l'appui, qu'elle a su prendre du champ dans le milieu de sa production *esthétique*

1. Dans *Surveiller et punir* Michel Foucault choisissait, pour sa part, d'associer la machine à vapeur et le microscope d'Amici à la technique « inquisitoriale ».

par rapport à ce qui lui a donné naissance. Distance qui s'est exprimée, comme on l'a vu, jusqu'à la représentation du pouvoir parodié. On objectera, peut-être, que ce n'est pas le pouvoir que la photographie représente dans cette rhétorique du voir mais *elle-même*, que, dans un retournement ironique, c'est elle-même qu'elle mime, c'est d'elle-même qu'elle se moque. Et c'est en fait probablement le cas. Cependant, sa parenté originelle avec les disciplines autorise d'associer cette lecture à l'interprétation d'une mise en œuvre par la photographie d'un regard critique qui prend les règles des disciplines pour cible à travers leur traduction moqueuse et parfois acerbe.

La photographie n'est pas seulement cette aimable pratique qui, comme on aime trop souvent se la représenter, accumule passivement quelques fragments de réel pour en faire un beau livre d'images. Comme l'affirme Jean Baudrillard, le geste du photojournaliste peut être conçu comme la réinjection massive d'effets de réels [1] au vu de l'ébranlement contemporain de celui-ci. Pourtant, je ne considèrerai certainement pas la photographie comme étant le fait d'une «culture de la neutralité» dont les signes engendrés peuvent s'échanger passivement entre eux dans une commutativité générale rendue possible par la «révolution structurale de la valeur» [2]. Je n'associerai pas non plus indifféremment et sans tenter de repenser des niveaux distincts d'expression, l'instantané au superficiel, au manque pathologique de contenu singulier [3]. Une partie de la production photographique qu'il faut rattacher à son exercice *esthétique*, consiste en un discours purement métaphorique situé de plain-pied dans un imaginaire «légitime» [4]. Discours en images qui, plutôt que de collectionner platement le réel, s'évertue à le «casser» pour découvrir, entre ses fragments recueillis, la possibilité d'une nouvelle scène. Images qui ont su redéfinir les

1. Cf. Thierry LENAIN, «La mort de l'art selon Jean Baudrillard», *Actes du XXIVe Congrès de l'A.S.P.L.F., La Vie et la mort*, Poitiers, 1996, p. 162-164. Jean BAUDRILLARD, *Simulacres et simulations*, Paris, Galilée, 1981, notamment p. 17, 133, 134 et 229-236.

2. Jean BAUDRILLARD, *L'Echange symbolique et la mort*, Paris, Gallimard, 1976, p. 17-21.

3. Jean BAUDRILLARD, *Simulacres...*, p. 133-134.

4. Chez Baudrillard, il n'y a plus de différence entre le réel et l'imaginaire parce que le réel, lui-même, n'est plus possible. Seule demeure «la précession des simulacres». Cf. *ibid.*, *op. cit.*, p. 9-12.

limites de l'objet esthétique ; qui manifestent une faille dans le système très clos de Foucault et contestent violemment les signes lisses et transparents de Baudrillard. Photographies qui ont donné au sujet, dès 1839, la possibilité d'exprimer un discours *politique* sous la forme du métaphorique. Car c'est aussi le rôle de l'ombre dans la photographie de Feininger que de laisser apparaître celui qui, pourtant, s'y dissimule.

Tamara KOCHELEFF
Université Libre de Bruxelles.

PORTRAIT DE GROUPE AVEC UN CHIEN

Les *Ménines* de Vélasquez sont l'un des tableaux les plus analysés et les plus commentés de l'histoire de l'art[1]. Il n'empêche que, bien loin même d'avoir tout lu, je pense pouvoir réaffirmer à leur égard ce principe de l'excédent de sens débordant *a priori* tout commentaire possible. L'œuvre, – à ce point multiple, – semble dotée d'un effet de polysémie assurément congénital. On peut dès lors remettre une fois encore sur le métier de haute lisse le merveilleux carton.

Michel Foucault ne s'y était pas trompé: c'est une peinture épistémologique, une conjonction de lumière et de formes où regard et miroir se croisent pour instaurer, en les nouant, tous les prestiges et tous les chatoiements du visible. Non sans que s'y exprime un certain statut, – pour lui «classique», – de la connaissance. Nous y reviendrons. Il adopte en tout cas la position traditionnelle qui consiste à voir le vrai sujet de l'œuvre dans un portrait du couple royal, ou plutôt d'y trouver l'alibi réel rendant possible la fantasmagorie d'envers de décor, incroyablement osée, que constitue cet auto-portrait dans un groupe. Le miroir du fond serait donc la référence indirecte au motif, principal et par ailleurs inavoué, du double portrait du roi Philippe IV et de la reine Mariana.

Or, une hypothèse toute récente pourrait venir troubler quelque peu le miroitement de ces eaux calmes. Nous la devons à Michel Thévoz dont le dernier essai[2] consacre à notre tableau quelques pages très éclairantes. Passons sur le mauvais goût, structuraliste ou lacanien, du sous-titre évocant le miroir et «l'in-fente». Cela reste sans importance, au vu de la thèse, novatrice et juste, qui nous suggère de voir dans ce tableau la représentation du peintre en train d'exécuter le portrait de

1. Le dernier recensement critique semble être celui de C. KESSER, *Las Meninas von Velasquez. Eine Wirkungs-und Rezeptions-geschichte*, Berlin, 1994.

2. *Le miroir infidèle*, Paris, Minuit, 1996. Voir spécialement les p. 36-54.

l'infante Margarita, et qui se regarde, *comme elle*, dans un miroir. Miroir oblique, s'entend, à l'intersection parfaitement perpendiculaire des doubles regards du peintre et de son modèle. Les autres portraits connus de l'infante et l'inversion de l'image par rapport à eux plaident avec force pour cette mise en place qui pourrait passer, en un premier temps, pour la plus simple et la plus traditionnelle: le double portrait, au miroir, du peintre au travail et de son motif. On pourrait même imaginer, plutôt que l'effet de «zoom arrière» postulé par Thévoz, que le miroir eût pu être de dimension telle que s'y reflétât l'image, non seulement de Margarita, de Vélasquez et de la première ménine, Maria-Agustina Sarmiento, mais encore du groupe de droite et de toute la pièce; le cube évidé se reconstitue ainsi à l'arrière du peintre et des groupes d'avant-plan, jusqu'à l'autre miroir, apposé à la paroi du fond, et jusqu'à la porte entr'ouverte sur la silhouette sortante, sur champ d'or, du chambellan Nieto Vélasquez.

Reste à expliquer l'apparition du couple royal. Thévoz y a pensé, comme il a pensé à la tricherie du peintre qui se représente, comme il se doit, peignant de la main droite. Pour le roi et la reine, il faudrait imaginer selon lui qu'ils viennent d'entrer à l'improviste par la droite (*sc.* la gauche sur notre tableau) et qu'ils sont en dehors du champ du miroir principal, orienté comme on l'a vu. Tout occupée à s'admirer, la petite infante ne s'est pas encore rendu compte de leur arrivée, pas plus que le peintre, qui regarde de l'autre côté. La deuxième ménine pourtant, celle qui fait la révérence, vient de les apercevoir[1], de même peut-être que le courtisan debout près du pilastre. Enfin, prêt à quitter la pièce, dans le fond, Nieto, s'arrête et se retourne: il les a vus, lui aussi[2].

1. Ce détail me semble l'un des points les plus forts de l'argumentation de Thévoz, car à part lui, personne n'explique de manière satisfaisante ce geste de Doña Isabel de Velasco.

2. Pour la plupart des commentateurs, il entrait dans l'atelier, ce qui ne concorde pas avec la position de la jambe et du bras droits, suggérant plutôt un mouvement ascendant.

*

* *

On pourrait dès lors reprendre, mais à la tierce mineure seulement, les considérations analogiques sur le statut d'une représentation conceptuelle, qui serait comme le résultat d'un effet de miroitement du réel, – fût-ce sous l'option nominaliste où les «mots» y viendraient dédoubler les «choses», – ou encore les extrapolations psychologiques ou psychanalytiques quant à un hypothétique stade du miroir, ponctuant la constitution du moi à un moment donné de son évolution. Bien sûr, on peut toujours extrapoler à condition de le dire clairement. Ce que fait Foucault tout au long de son beau préambule. Toutefois, lorsqu'il nous propose de voir l'infante au centre d'une composition en forme de croix de Saint-André, il se livre là à une spéculation formelle que connaissent bien les esthéticiens, voire les historiens de l'art, et dont l'aspect aléatoire ne peut échapper.

Je proposerai pour ma part un autre plan de lecture, qui relève plus d'un effet de position que d'un schéma de composition. On peut en effet difficilement douter du fait que l'artiste ait été sensible à l'étagement perspectif de ses personnages. S'il est, d'ailleurs, un point de vue minimal et irréductible, c'est, ce me semble, celui de l'artiste qui se veut virtuose des lois de la perspective, qui en joue avec l'audace et l'inattendu dignes d'un baroque, tempéré de lumière miellée et d'angles tirés à l'équerre. Si, donc, nous regardons cet instantané figé, – comme l'éclair ou la vague,– grâce aux lenteurs concertées de la palette et de la main au revers de cette toile qui sans cesse nous échappe et nous apparaît dans la profusion de ce qui simultanément se donne et se retire, nous *voyons* quatre ensembles successifs composés chacun de trois figures et qui se répartissent en deux avant-plans, un plan médian et un arrière-plan plus lointain, aux limites du cube, fermé ou presque... Partons du fond, justement. Entre une porte ouverte et une porte fermée, le miroir, comme le dit Foucault, nous montre l'invisible, l'image hors-champ, tandis que le fond d'or ascendant de l'escalier dont on voit les six premières marches nous rappelle au jour d'une Castille lumineuse, contrastant avec la pénombre du fond de l'atelier et du plan médian. Cette pénombre nous empêche d'ailleurs de bien voir les deux tableaux accrochés symétriquement au-dessus des deux portes sur le mur du fond: une *Pallas et Arachné* selon Rubens, semble-t-il et, à droite, un *Apollon et Marsyas* selon Jordaens. Toujours dans la pénombre et à l'issue du plan médian en venant vers l'avant, apparaissent le peintre et les deux courtisans, sur une même ligne, en laissant toutefois le centre parfaitement dégagé. Sur la ligne d'avant et partant de ce centre précisément, on voit, réparties en triangle, l'infante en petite figure de proue et ses deux suivantes, dont l'une lui tend le plateau et l'autre fait la révérence au roi, qu'elle vient sans doute de voir entrer. Enfin, tout à l'avant-plan, à droite, également répartis en triangle, viennent la naine – qui *nous* regarde –, le nain Nicolas Pertusato, sous les espèces d'un charmant enfant, et le chien.

Ce quadruple étagement dans l'espace du cube évidé, supposant depuis le fond deux lignes horizontales, l'une courte et l'autre longue comme on l'attend en perspective naturelle, se termine par deux investissements triangulaires pointés, l'un sur le front de la petite infante Margarita, l'autre sur le front du chien, apparemment endormi. Scrutons un peu ces deux derniers ensembles. Les deux ménines lamées-argent et l'infante toute dorée, nœud rose et rubans rouges, semblent former le centre de gravité de la composition. L'intitulé récent de *Meninas* semblerait ainsi pouvoir se justifier[1]. Pourtant, le vrai centre, c'est Margarita, comme dans les portraits de Vienne où l'on ne voit qu'elle.

La première intention de l'artiste n'était sans doute que de faire à nouveau son portrait, mais dans un miroir. L'idée lui sera aussi venue de s'auto-représenter, au miroir, comme de juste. Enfin, d'audace en audace, il agrandit le champ du miroir jusqu'aux confins de la pièce[2] où il parvient, avec une virtuosité

1. On sait que cet intitulé ne remonte qu'au XIXe siècle. En revanche, au XVIIe, un catalogue des collections royales parle de la «Famille»... sans qu'il faille pour autant tomber dans l'excès qui consisterait à voir dans le «miroir» du fond un vrai portrait comme le pense G. KUBLER, «The miror in Las Meninas», *Art Bulletin*, juin, 1985.

2. C'est une hypothèse implicite de cette nature qui avait sans doute amené jusqu'à la fin des années 60 les conservateurs du Prado à placer, juste en face du tableau, un grand miroir correspondant à l'image, afin que nous puissions voir ce que le peintre, sans doute, regardait vraiment.

étourdissante, à loger les souverains et son parent, cependant qu'au-devant des deux courtisans, homme et femme, tenus dans l'ombre du pilastre aux fenêtres fermées, il place dans l'avancée la plus lumineuse le groupe incongru des nains de compagnie et de l'animal têtu.

*

* *

Or, ce sont eux qui, pour nous, sont les plus proches : la naine Mari-Balbola fascinée par le miroir et le petit Nicolas qui taquine du pied l'échine de celui que nous pourrions presque toucher nous aussi. Mais pourquoi cette position d'avant-scène et de grande proximité, dûment concertée ? On sait que Vélasquez aimait et représentait les nains présents à la cour : il nous en a laissé une série de portraits pleins de vie et tout empreints d'humanité. Ici, en l'occurrence, face au monde compassé où tous les gestes semblent suspendus devant la médusante merveille du miroir, ils sont les seuls à s'exprimer ou à bouger : le cinétisme du jeune Nicolas et l'effet de tremblé apporté au rendu de ses mains a, dès longtemps, surpris ou provoqué l'admiration des commentateurs[1]. Quant à l'étonnement de Balbola devant sa propre image, quelle fraîcheur, quelle vérité, quelle absence de pose ou d'afféterie ! Le chien ne pose pas lui non plus, faut-il le dire. Il garde les yeux clos, l'air un peu renfrogné et, plutôt que de réagir au petit pied qui l'agace, il semble lui transmettre sa force, tandis que sa patte avant tranquillement posée sur le sol pourrait presque sortir du cadre, si l'envie lui venait de s'étirer. Quand je dis « renfrogné », je pense plutôt « concentré » sur son intériorité et son repos. Car il ne dort pas. Il ne faut pas s'y tromper. C'est peut-être même lui le témoin privilégié, qui enregistre tout, sans rien manifester d'autre qu'une présence ou qu'une force d'évidence qu'il impose à l'adresse de tous les autres regards.

Quand je pense que Foucault ne le comptait même pas comme l'un des « huit personnages » du portrait de groupe, sans

1. Voir notamment E. LAFUENTE-FERRARI, *Vélasquez*, Genève, Skira, 1960 (trad. J. Lassaigne), p. 112 ainsi que P.M. BARDI, dans la « Documentation » de *Tout l'œuvre peint de Vélazquez* (*sic*), Paris, Flammarion, 1969, ill. 117.

compter les ombres du fond[1]. Or, non seulement il est un personnage à part entière, mais peut-être pourrait-il nous offrir une clé d'entrée en cet univers dont il est comme le gardien et le fidèle serviteur. Il s'en dénote pourtant parce qu'apparemment la visualité ne le concerne pas: pour lui, aux yeux clos, pas de miroir, pas de Narcisse, pas de représentation ! Et n'allez pas dire qu'il incarne, sans plus, l'animalité endormie, car c'est justement lui l'éveillé, parmi la sieste de la cour. Avec le groupe des deux nains, il contrebalance toute la mise en scène représentative – sur laquelle il veille néanmoins en faisant semblant de dormir. C'est lui, enfin, qui dit la «vraie vie» face au divertissement et nous rappelle à la source cachée face aux mondanités de l'apparence. Il est presque dans le rôle et dans la position du crâne de vanité en contrebas d'une femme à sa toilette. Et il y aurait là, rien que là déjà, de quoi suspendre le geste du peintre, la révérence d'Isabel, les regards du roi et de la reine, de même que la fausse sortie du chambellan par son échappée de lumière.

Certes, il ne faudrait pas rendre plus emphatique qu'il ne l'est le rôle du gardien et si j'y insiste un peu, c'est pour pallier un manque, général, d'égards et d'attention. Cela dit, son mutisme nous reconduit néanmoins vers un en-deçà de la représentation, une sorte d'univers édénique d'avant la scission où le geste, la parole (s'il y en avait) et la chose ne faisaient qu'un. En définitive, il s'inscrit au bas de l'œuvre comme un déni de l'apparaître et de tous les dédoublements, verbaux ou conceptuels. Il risquerait même d'être très dérangeant, s'il n'était si discret...

Pour en terminer, en revenant à Michel Foucault, rendons hommage à cette ouverture qui est désormais un texte d'anthologie, commençant par les mots:

> «Le peintre est légèrement en retrait du tableau. Il jette un coup d'œil sur le modèle; peut-être s'agit-il d'ajouter une dernière touche, mais il se peut aussi que le premier trait encore n'ait pas été posé. Le bras qui tient le pinceau est replié sur la gauche, dans la direction de la palette; il est, pour un instant, immobile entre la toile et les couleurs. Cette

1. *Les mots et les choses (une archéologie des sciences humaines)*, Paris, Gallimard, 1966, p. 27.

main habile est suspendue au regard; et le regard, en retour, repose sur le geste arrêté. Entre la fine pointe du pinceau et l'acier du regard, le spectacle va libérer son volume»[1].

Le bel *incipit* se termine sur le latinisme inattendu qui fait rimer l'acier avec l'acuité du regard (*acies*), de même qu'il situe d'emblée la réflexion dans un interstice d'attente, et donc, d'intentionalité. Même si le développement se fera plus figuratif et plus représentatif, selon les besoins de la thèse, cette entrée en matière, du meilleur aloi, avait une résonance phénoménologique qui m'avait ravi dès l'abord et dès ma première lecture. Dommage que l'auteur n'ait pas développé davantage ce vecteur-là, d'une présentation plutôt que d'une représentation, et d'un donné perceptif émergeant phénoménologiquement à la surface de la conscience, plutôt que sur celle du miroir. Enfin, l'aspect de hors-d'œuvre, ou d'entrée, réservé à ce beau texte et à cette œuvre stupéfiante, s'il assura pour une part le succès immédiat du livre, n'en tombe pas moins sous le double reproche formulé par Hubert Damisch, qui y voyait un frontispice (alors qu'il en fera, lui, son point d'orgue[2]) et surtout, une sorte d'illustration sans véritable contenu sémantique.

Il est vrai que pour les historiens, comme pour les philosophes, l'art n'est souvent qu'exemple ou décoration, référence analogique ou document[3]. Or, l'œuvre contient et transmet, en tant que telle, un savoir: la vérité esthétique, si tant est qu'on l'approche ou qu'on la cerne, couvre à elle seule une branche, latérale et symbolique, de l'épistémologie. En l'occurrence, l'étourdissante maîtrise de l'espace figuré et de ses multiples illusions se présenterait ici comme porteuse et tributaire de son propre déni.

Le Vélasquez des *Ménines* devant son chevalet, et malgré la croix de l'Ordre de Saint Jacques qui viendra lui orner la poitrine, n'en apparaît-il pas, déjà, quelque peu mélancolique?

Pierre SOMVILLE
Université de Liège

1. *Op. cit.*, p. 19.
2. *L'origine de la perspective*, Paris, Flammarion, 1987, p. 387 et sqq.
3. Pour ce qui est des historiens, voir la superbe biographie de Saint-Paulien, *Vélasquez et son temps* (Paris, A. Fayard, 1961) qui consacre à peine dix lignes à notre tableau, mais qui nous en livre l'environnement précis, aigu et ironique, sous l'intitulé « Où le grand fourrier loge la cour dans un cube » (p. 187 et sqq). Quant aux philosophes, j'ai récemment souligné leur volonté plus ou moins concertée d'économie culturelle, voir «Le principe de Pococurante» *Cahiers Internationaux de Symbolisme*, n° 83-85, 1996, p. 137-140.

Ill. 1 Diego Vélasquez, *Les Ménines*, huile sur toile, 318 x 276 cm, 1656, Madrid, Musée du Prado. Photo du musée.

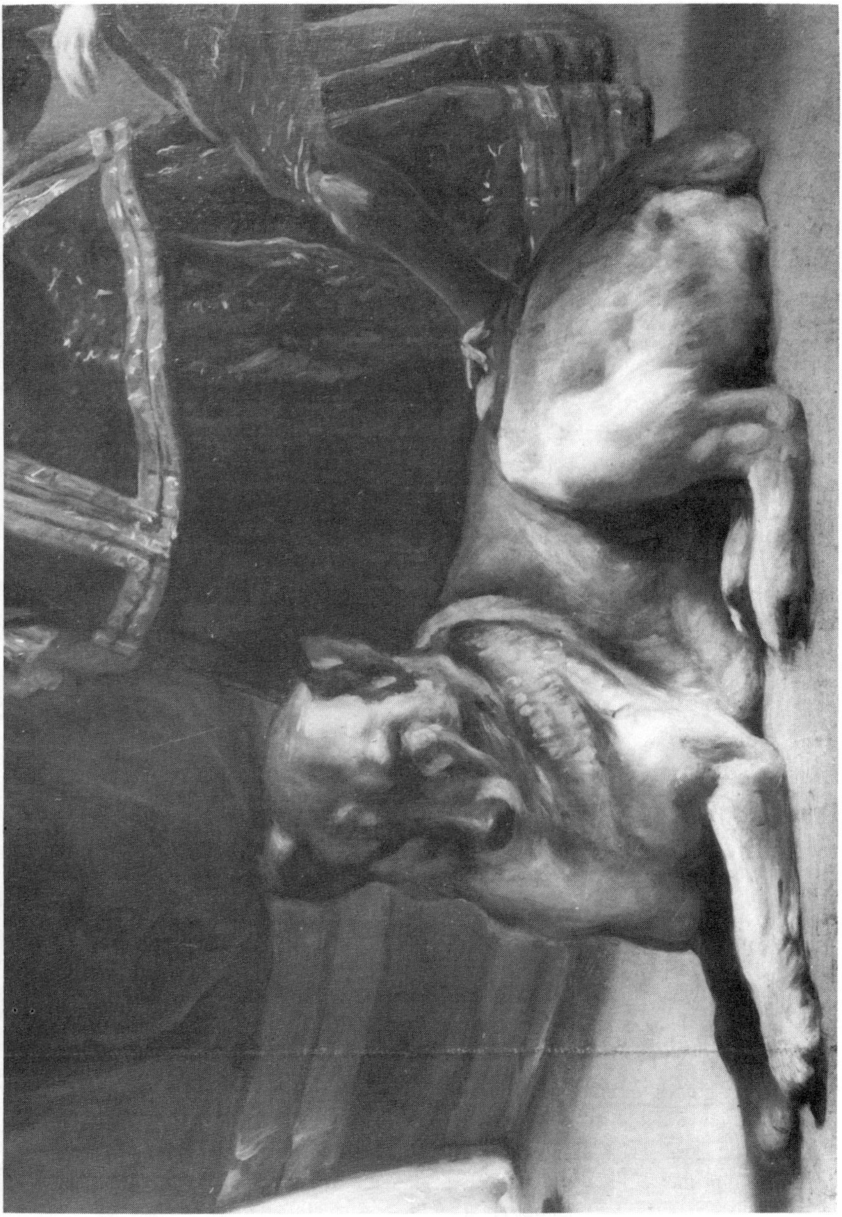

Ill. 2 Diego Vélasquez, *Les Ménines*, détail. Photo du musée.

TABLE DES MATIÈRES

Imprimerie de la Manutention à Mayenne – Mars 2003 – N° 76-03
Dépôt légal : 1er trimestre 2003
Imprimé en France